KB023756

개정판

나는 왠지 대박날 것만 같아!

개정판

나는 왠지 대박날 것만 같아!

손정현 지음

머리말

10년 전, 아직도 나는 '팔팔하다' '체력에 자신 있다'고 자백하던 시절, 조기축구회를 나간 적이 있습니다. 아티스트 유나이티드Artist United. 그 이름도 거창하죠? 역시 남자들은 가오가 중요합니다. 동물원 김창기, 〈사람이 꽃보다 아름다워〉 안치환, 〈광야에서〉 작곡자 문대현, 노래를 찾는 사람들 등등 쟁쟁한 뮤지션들이 있던 조기축구회였죠. 대학 시절 흠모하던 그들과 자연스레 친해질 수 있는 절호의 찬스라 생각했죠. 그리고 이 몸도 초딩 시절 한때 스트라이커로 이름을 날린 적도 있고 해서 크게 민폐를 끼치진 않을 거라 자신했었어요.

그날 첫 경기를 뛰는데, 아아… 저는 완전 공황 상태에 빠지고 말았습니다. 세상에나 그들은 프리미어리그에서나 보던 2;1 패스를 아름답게 자유자재로 구사하는 것이었습니다. 체력은 또 어찌나 좋던지. 조기축구회를 너무 무시하고 들어간 저의 패착이었습니다. 마음만 '메시'였던 저는 결국 그 짧은 15분 동안 패스는커녕 '제발 공이 내게 오지 말았으면…' 하고 벌벌 떨다가 교체되고 말았습니다.

집에 와서 유홍준 교수님의《나의 문화유산답사기》6권을 빼들고 필사를 하여 책상 앞에 크게 붙여놓았습니다.

인생도처 유상수人生到處 有上手!

세상에 숨은 고수들이 많으니 잘난 척하지 말고 겸손하게 살라는 이야기이죠.

그랬던 제가 이렇게 책을 내게 됐습니다. 그것도 어마어마한 '드라마 작법서'라는 타이틀을 걸고서 말이죠. "무식하면 용감해진다"란 말이 딱 이 경우에 해당하는 얘기입니다.

실은 2012년도부터 올해까지 네 번에 걸쳐 작가협회 교육원 강의를 했습니다. 드라마 작가가 되려는 열망에 불타오르는 많은 친구들을 만났죠.

"너는 열망은 있으나 재능이 부합하지 않으니 다른 길을 찾는 것이 좋겠다" 했는데 보란 듯이 5년 뒤에 등단한 친구도 있었고요. "너는 초창기 노희경 작가님의 감성이 보여. 어떤 어려움이 네 앞길에 닥치더라도 부디 쓰러지지 말기를 바란다"라고 애정 어린 헌사를 했는데, 지금은 사라져서 소식조차 알 수 없는 친구도 있었고요.

조금만 더 하면 될 것 같은데 "선생님 그때 왜 저에게 집어치우라고 단호하게 얘기 안 해주셨어요!"라고 저를 원망하던 친구도 만났고요. 지금도 가끔씩 "제가 이 길을 계속 가야 하는지 모르겠어요" 하며 투덜거리는 친구도 있고요. 그들의 아픈 사연들을 떠올릴 때마다 저 역시 길 잃은 아이처럼 한없이 서성대기도 했었지요.

이 책은 그 학생들을 위한 저의 '참회록'입니다. 감독이랍시고 선생이랍시고 "드라마는 이런 거다" 떠들어대던 제 어설펐던 강의에 대한 반성인 셈이죠.

아! 그리고 하나 더 있습니다. 이제 막 드라마 작가를 꿈꾸는 지망생들이 너무 먼 길을 돌아가지 않게 적절하고 효율적인 방향타가 되고자 하는 애정 어린 마음으로 썼습니다. 그래서 최대한 현장의 언어로, 날것의 언어로, 학생이 제 앞에 있는 양 친근하게 썼습니다. 구박도 해가면서 말이죠. 조금 무례하다 싶을 정도로 글이 날라다녀도 너그러이 용서하시길…. 그리고 통렬하게 비판해주시길!

늘 세파에 하늘하늘 흔들릴 때마다 저를 잡아주는 비밀결사 '신사의 충격'과 작업실을 대신해주던 아지트 카페 '평상' 사장님께도 감사드리며 인터뷰와 작품 분석에 기꺼이 응해주신 박재범, 정현민, 원유정, 정유경, 이정은 작가님께도 감사의 삼배 합장을 올립니다.

지금 이 시간에도 현장에서, 작업실에서 한국 드라마의 발전을 위해 악전고투하시는 모든 작가님과 감독님들께도 멀리서 격한 응원의 박수를 보냅니다.

2019년 8월 상암동 작업실에서

손정현 배상

개정판 머리말

마지막 공연의 커튼콜 타임입니다. 진짜 하이라이트 순간이죠. 관객들은 일어섭니다. 먼저 조연들이 밝게 웃으며 인사합니다. 관객은 기립 박수로 배우들의 열연에 화답합니다.

그리고 드디어 주인공이 나옵니다. 약간 잦아들 것 같았던 박수 소리는 더욱 커집니다. 천장에서는 꽃가루가 날리고, 공연장은 축제 분위기이죠. 마지막 환희를 누려야 할 시간입니다. 세상 부러울 것 없는 주인공은 옆에 있던 배우의 손을 잡고 직각으로 폴더 인사를 합니다. 그 순간 고개 숙인 주인공에겐 두려움이 엄습합니다.

'다음 작품 섭외가 안 들어오네. 이제 뭐 먹고 살지….'

42.2%. 진수완 작가가 쓴 드라마 〈해를 품은 달〉 최종회 시청률입니다. 2014년도에 달성한 기록입니다. 그녀가 쓴 드라

마 〈학교〉의 대본은 심지어 교과서에도 실렸습니다. 〈경성스캔들〉이 자신의 인생 드라마라고 얘기하는 사람들도 많습니다. 세상 부러울 것 없어 보이는 그녀에게 짓궂은 질문을 던졌습니다.

"작가님에게도 아픈 손가락 같은 작품이 있을까요?"

보통 이런 질문을 던지면 2~3초 침묵의 순간이 생깁니다. 아프기 때문이죠. 피고름을 흘리며 쓴 대본이 대중들에게 외면을 받은 것에 대한 아픔입니다. 그런데 그녀는 바로 훅 치고 들어왔습니다.

"지금 하고 있는 작품이요. 작가들한텐 다 그래요. 지금 하고 있는 작품이 다 아픈 손가락이에요."

세상 사는 게 다 비슷비슷한 것 같습니다. 고행이죠. 저절로 되는 건 없습니다. 엄청난 행운의 로또를 맞아서 어깨에 힘이 들어가는 경우도 있지만, 극소수일 뿐입니다. 그리고 그런 건 금방 뽀록납니다.

《나는 왠지 대박날 것만 같아》가 새로운 개정판을 만든다고

합니다. 그간 대만과 중국에 판권이 팔리고, 대만에서는 종이책과 전자책으로 출판되어 해외 인세도 받았습니다. 아, 한국에서는 제가 직접 성우가 되어 오디오북도 출간했네요. 이 책이 다양하게 확장되어 여러 독자를 만난다는 것이 늘 놀라웠습니다.

이런 '가문의 영광'이라니! 4년 전 SBS와 헤어질 결심을 했습니다. 이 책은 사실 서성이는 마음을 기댈 데 없어 쓴 책입니다. 내공이 약하다 보니 온몸을 털털 쥐어짜서 써 내려갔죠. 무식하면 용감해지나니. 다시 읽어보니 고개를 들 수 없을 정도로 부끄럽기만 합니다. 그럼에도 불구하고 이 책이 누군가에겐 '위로'가 되고 '공감'이 되고 글쓰기의 '방향타'가 된다면 더없는 영광이겠습니다.

개정판을 만들며 조금은 더 손을 봤습니다. 출판사의 강요(?)에 의한 것 반, 시간이 지나며 조금 더 첨가하고 싶은 마음 반이었죠.

이참에 표지 디자인도 바꿨으면 좋으련만 단칼에 거절당했습니다. 망생이들에게 바이블처럼 된 책이라 함부로 표지를 바꾸면 안 된다는 공식적인 답변을 받았죠. 수많은 망생이들이 좋아한다는 진수완 작가 인터뷰를 새로 실었습니다. 작품들 예도 최근 히트한 드라마를 기준으로 바꾸었습니다. 그 목록에 내 최근 연출작이 안 들어가서 심히 괴롭지만 말이죠. 이건 드라마라는 고행의 길을 걸어가는 사람의 숙명이기도 합니다. 잘 되는 작품이 있으면, 안 되는 것도 있는 것 말이죠.

그럼에도 묵묵히, 오늘도 써 내려가는 모든 드라마 작가와 자신의 스토리텔링 실력에 괴로워하는 모든 동료 PD들에게 응원을 보냅니다.

이 글을 읽는 모든 벗들에게 무한한 축복 있기를!

2023년 6월

상암동 작업실에서 손정현 올림

추천사

예전 어른들은 말씀하셨다. 안정적인 생계를 위해서는 기술을 배워야 한다고. 그래서 나는 글 쓰는 기술을 배웠다. 하지만 예상대로 습득 과정은 녹록하지 않았다. 습작 당시에 '효자손' 같은 집필 안내서가 있었다면 더 명쾌하게 핵심에 다가갔을지도 모른다. 물론 내공이 부족했던 습작생의 핑계였지만 절실한 바람이기도 했다. 그런데 놀랍게도 내가 그토록 바랐던 '효자손'과 이제야 만나게 됐다.

이 책은 한 연출자가 오랜 세월 작가들과의 소통을 통해 얻어낸 소중한 '비망록'이자 살아 숨 쉬는 '기술 서적'이다. 다양한 경험치와 현대적 작법들이 모두 용해되어 있다. 현장을 누비던 필드 장인의 명료하고 위트 가득한 극작법은 단순히 눈으로만 이해하는 것이 아닌, 언제나 매뉴얼처럼 열어볼 수 있는 실용적인 길라잡이가 될 것이라고 믿어 의심치 않는다.

_〈굿 닥터〉〈김과장〉〈열혈사제〉 박재범 작가

손정현 PD는 "정현이 형!"이라고 부르며 살던 SBS 17년 동안 가장 많은 술자리를 함께했던 선배 중 한 분이다. LP판 음악 소리가 없는 술집은 마치 술집이 아닌 것처럼 이 형은 그런 곳에서 주로 술을 마셨다. 누가 듣건 말건 가게에 놓인 기타를 치며 민중가요와 김광석 노래를 부르던 모습이 눈에 선하다. 이 낭만적인 선배가 책까지 쓰실 줄이야.

드라마 대본은 대중을 위해서 쓰는 거다. 그런데 책에 나와 있듯이 대중의 마음은 이제 막 변심한 애인의 그것과 같아서 붙잡으려면 피나는 노력을 해야 한다. 세상에는 수천만 명의 변심한 애인들이 있고 그들의 맘을 돌려세우는 방법도 수천만 가지라 정답은 없다. 매 순간 나에게 주어진 길에서 부딪쳐보는 수밖에. 이번 생은 처음이라 모든 게 처음인 우리다. 나이를 먹어도 그건 변함없다. 이참에 다들 이 책과 한번 부딪쳐보길 권한다.

_〈별에서 온 그대〉〈뿌리깊은 나무〉 장태유 PD

손정현. 아름다운 사람….

그가 책을 썼다. 이 책 안에는 손정현의 사람 내음 가득한 향기가 담겨 있다.

나는 안다. 아름다운 사람, 손정현.

_배우 손현주

차례

머리말 4

개정판 머리말 8

추천사 12

프롤로그 드라마는 인간학이자 인생학이다 18

1장
처음

#scene 1 알고 보면 쓸데없는 질문들 25
드라마 작가 입문 시 머릿속에 떠오르는 온갖 궁금증

#scene 2 글쓰기의 공포를 없애는 4가지 처방 33
쫄지 않고 글쓰기 근육 키우기

#scene 3 드라마는 콘셉트다 39
손 PD의 흑역사로 배우는, 안 되는 드라마의 콘셉트

#scene 4 인생은 멋지지만 날것 48
드라마는 극화된 스토리여야 한다

#scene 5 영감에 접근하는 훈련 58
드라마감을 찾기 위한 훈련법 5가지

#scene 6 번개같이 스쳐가는 한 문장, 한 컷 70
기획의 단초를 잡기 위한 영감을 떠올리는 법

#scene 7 뭔가 빡! 떠오르게 하고 싶을 때 73
영감이 떠오르는 나만의 방법 만들기

2장

중간

#scene 8 인생을 한 줄로 요약한다면 79

드라마의 로그라인 잡기

#scene 9 누구나 사랑하는, 매력적인 인생캐 86

사람들에게 각인되는 캐릭터의 특징 만들기

#scene 10 인간은 누구나 흑역사가 있다 92

캐릭터의 매력적인 결함이 생기는 지점

#scene 11 상처받은 존재에 대한 공감과 위로 99

드라마는 우리에게 무엇일까?

#scene 12 그게 또 그 이야기라고? 천만에! 102

사람들을 사로잡는 드라마 플롯

#scene 13 이야기가 내내 절망의 바닥을 기고 있진 않니? 115

드라마 스토리에서 피해야 할 3가지 방향

#scene 14 주인공은 여하간 설쳐야 돼 120

밋밋한 주인공으로 보이는 7가지 이유

#scene 15 신물 나도록 집요하게 사건을 파헤쳐봐 126

좋은 플롯을 짜기 위해 알아야 할 3가지

#scene 16 **일단 무조건 올라보는 거야** 131
대본 작업을 할 때 작가가 지녀야 할 자세

#scene 17 **네 앞에 프러포즈하는 훈남 두 명이 있다면?** 134
드라마 대본 세련되게 쓰는 법

#scene 18 **작가의 내공은 조연의 대사만 보면 바로 알아** 138
좋은 대사감을 키우기 위한 대사 줍는 연습

#scene 19 **관객이 원하는 것을 다르게 보여줘라** 143
명대사의 원칙

#scene 20 **씨 뿌리고 우려먹고 거둬들여라** 149
수미쌍관이 연결되는 대사

#scene 21 **싸우거나 웃기거나! 아니면 엄청난 볼거리를 주거나!** 153
세련된 설명을 해주는 대사 스킬

#scene 22 **밤거리만 하염없이 걷게 만들지 말고** 156
관객의 감정이입을 도와주는 몽타주 기법

#scene 23 **구구절절 말로만 하면 채널 돌아간다** 158
갈등의 시각화, 행동화 방법

#scene 24 **관객은 네가 생각하는 것보다 훨씬 영리해** 162
복선 설정과 장면 전환 방법

3장

끝

#scene 25 알고 보면 쓸데 많은 질문 8가지 171

에필로그 드라마 작가는 순정이 있어야 해 186

보너스 페이지

존버하면 진짜 작가가 될 수 있냐고요? 196

현직 작가 4인이 명쾌하게 알려주는 드라마 작가, 그 이상과 현실

1. 〈열혈사제〉〈빈센조〉 박재범 작가 인터뷰
2. 〈해를 품은 달〉〈킬미 힐미〉 진수완 작가 인터뷰
3. 〈정도전〉〈녹두꽃〉 정현민 작가 인터뷰
4. 〈모두의 거짓말〉 원유정 작가 인터뷰

드라마, 시나리오 공모전, 어떤 곳에서 할까? 261

꼭 읽어두면 좋은 드라마 스토리텔링 267

읽어보자! 스크립트

프롤로그

드라마는 인간학이자 인생학이다

미안하다. 드라마 작가를 해보겠다는 너에게, 아직 시작도 하지 않은 너에게 내가 같잖은 감독이랍시고 그동안 너무 지랄지랄했다. 통렬히 반성하마!

"여의도에 왜 그렇게 밤안개가 자주 끼고 한강물 수위가 서강대교에 다다르면 왜 갑자기 높아지는 줄 아냐? 그게 다 너 같은 드라마 작가 지망생들의 눈물 때문이란다."

이런 말도 안 되는 개뻥을 치기도 했지.

"드라마 작가는 아무나 되는 줄 아냐? 작가가 되고 나서도 편성을 못 받아 손가락만 빨고 있는 사람이 광화문 촛불광장을 일렬종대로 가득 채우고도 끝이 없어."

라는 협박도 했어.

"결국에 너는 여의도 작가 교육원 폐인이 되었다 죽어서는 금산빌딩 4층을 떠도는 귀신이 될지도 몰라."

라는 유치찬란한 클로징 멘트도 함께 하면서 말이다. 흑흑… 반성을 하니 나도 모르게 눈물이…. 나이 오십을 찍다 보니 여성호르몬이 과다 분비되나 봐.

하지만 파울로 코엘료 형이 그랬지. "인생은 요리와 같다. 좋아하는 게 뭔지 알려면 일단 맛을 봐야 한다"고 말이야.

우리 집 가훈이 "남의 인생에 함부로 개입하지 말자!"인데, 이렇게 내가 개뺑을 치고 협박을 했음에도 네가 굳건히 드라마를 하겠다면 나도 말릴 수는 없지. 그럼에도 내가 너를 한사코 반대했던 건 그만큼 드라마 쓰기가 힘들다는 얘기였어.

한때 글 잘 쓴다는 얘길 들었던 아이들이 시나 소설을 어떻게 해보려다 거긴 뭔가 너무 고매한 세계인 것 같고 자칫하면 배고플 것 같기도 하단 말이야.

그래서 계속 해야 할지 말아야 할지 머뭇거리다 어느 날 TV를 보는데 드라마 작가가 눈에 빡 들어오거든. 왠지 만만해 보이기도 하고 잘하면 대박날 것 같기도 하고. 그러면서 이 세계에 들어오지. '왠지 내가 쓰면 대박날 것만 같아.' 이런 생각을 하면서 말이야.

하지만 여기도 만만치 않다. 더 어려울 수도 있어. 문학은 독자와의 일대일 대화이지만, 드라마는 정말 청와대 계신 분들부터 서울역 노숙자들까지 엄청나게 많은 불특정 다수를 상대해야 하는 '비주얼 스토리텔링'이거든.

나의 개뻥과 협박은 어설프게 '드라마나 한번 써볼까?'라는 정신으론 턱도 없음을 강조하고 싶었던 거야.

암튼 각설하고.

"내가 그동안 네게 지랄 지랄한 것도 있고 미안한 것도 있고 하니, 큰맘 먹고 너에게 김은숙 작가나 임상춘 작가처럼 어마어마한 고료를 받으며 대중들에게도 사랑받는 인기 작가가 되는 비법을 전수해주마."

라고 했으면 정말 좋으련만 그건 네가 생각해도 좀 도둑놈 심보 같지 않니? 그런 비법을 수업 한두 번 듣고 바로 얻기도 쉽지 않고 말이야.

드라마를 반반세기째 해오고 있는 나도 드라마는 아직도 너무 어렵기만 하거든. 대중들의 마음이란 이제 막 변심을 결심한 애인의 그것과도 같아서 그들을 유혹하려면 정말 지극정성을 들여야 해.

대신 이번 기회에 같이 머리를 싸매보자. 드라마는 인간학이자 인생학인데, 난들 뭐 얼마나 알겠니? 단지 그동안 내가 드라마 현장과 강의실에서 겪은 것들을 조곤조곤 들려주려고 해. 그 이야기를 듣다 보면 뭔가 네가 건질 것도 있지 않을까 싶다.

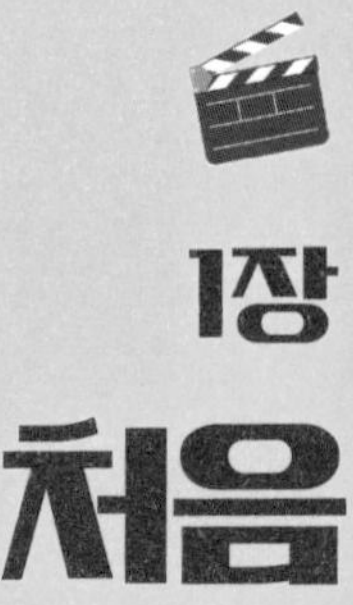

1장

처음

#scene 1

알고 보면 쓸데없는 질문들

드라마 작가 입문 시
머릿속에 떠오르는 온갖 궁금증

처음엔 본격적인 창작 강의에 들어가기에 앞서 '알고 보면 쓸데없는 질문들' 시간이야. 질문의 퀄리티를 안 따질 테니 막 던져봐. 괜찮아, 괜찮아.

그래…. 뭐? 배우랑 결혼한 작가는 없냐고? 엄….

잘나가는 작가 선생님들은 도대체 얼마를 버냐고? 엄….

첫 질문부터 너무 훅 치고 들어오는 거 아니니? 우리 그래도 드라마 하려는 '깨어 있는 시민'으로서 품위를 좀 지키자. 그건 나중에 오프더레코드로 얘기하기로 하고… 우선 내가 강의하면서 제일 많이 받은 질문부터 하나둘씩 풀어볼까?

Q 작법책은 어떤 것이 좋나요? 몇 권 정도 읽어야 하나요?

작법책. 그래, 처음 작법책을 읽으면 마치 나도 금방 작가가 될 것 같은 착각에 빠지지. 하지만 노놉! 드라마는 고시 공부를 하는 거랑 달라서 작법책을 많이 읽는다고 절대 글솜씨가 늘지는 않아.

그리고 작법책을 읽으면 생기는 결정적인 단점 한 가지가 있어. 무슨 말을 하는지는 다 알겠는데, 정작 필요할 때 작법책을 본다고 대본이 써지지는 않는다는 점이지. 그래서 읽고 나면 허전해져. 그럼에도 안 읽으면 왠지 죄를 짓는 느낌이니까 딱 세 권만 추천할게. 아주 탁월한 작법책이야.

하나는 블레이크 스나이더의《SAVE THE CAT! : 흥행하는 영화 시나리오의 8가지 법칙》이고, 다른 하나는 심산의《한국형 시나리오 쓰기》, 마지막은 오기환의《스토리: 흥행하는 글쓰기》야. 이 책들의 장점은 폼 잡지 않고, 아카데믹하지 않다는 거야. 현장의 언어로, 날것의 언어로 이야기한다는 것이 장점이지.

《SAVE THE CAT! : 흥행하는 영화 시나리오의 8가지 법칙》은 시나리오 삼장이론의 훌륭한 업그레이드 버전이고,《한국형 시나리오 쓰기》는 오직 시나리오 강의만 20년 넘게 한 심산 형의 노하우가 고스란히 들어 있어. 오기환의《스토리: 흥행하는 글쓰기》는 삼장이론을 본인만의 인사이트로 돌파한 점이 좋아. 예시 작품들도 다 최근 한국 영화들이고.

다 드라마 작법이 아니라 시나리오 책 아니냐고? 예전엔 영화와 드라마의 차이가 핫 미디어 쿨 미디어 어쩌고저쩌고했는데, 요즘은 그런 구분이 의미가 없어.

연속극 장르가 없어지는 추세다 보니 단막극이나 미니시리즈는 '영화 시나리오를 쓴다' 생각하고 써야 해. 그래야 관객을 유혹할 수 있어. 단, TV는 네 옆에 있는 조카들과 부모님도 다 같이 본다 생각하면 되는 거야. 그렇기 때문에 너무 잔인하거나 선정적이거나 사회의 도덕적 통념이란 선을 넘는 건 좀 곤란하지.

이 책들을 읽고 그래도 찜찜한 사람은《인간의 마음을 사로잡는 스무 가지 플롯》이라는 토비아스 형의 책을 보충하면 돼. 이 책은 반만 읽어. 뒤에는 올드하고 따분하니까.

Q 어떤 선생님들은 고전을 많이 읽으라는데, 어디까지 읽어야 할지 모르겠어요.

고전을 읽으면 좋지. 돈 드는 것도 아닌데. 폼도 나고. 근데 결정적으로 고전이 재미가 없다!!! 재미가 없어!!! 서울대에서 뽑은 고전문학 100선 리스트 한번 봐봐.

▲당시선(이백시선/두보시선 포함) ▲홍루몽(조설근) ▲루쉰 전집 ▲변신 인형(왕멍) ▲마음(나쓰메 소세키) ▲설국(가와바타 야스나리) ▲일리아드/오디세이아(호메로스) ▲변신 이야기(오비디우스) ▲그리스 비극 선집(소포클레스 등 포함) ▲신곡(단테) ▲그리스 로마 신화 ▲셰익스피어 선집(햄릿/맥베스/ 템페스트/뜻대로 하세요 등 포함) ▲위대한 유산(디킨스) ▲젊은 예술가의 초상(조이스) ▲허클베리 핀의 모험(트웨인) ▲황무지(엘리엇) ▲보바리 부인(플로베르) ▲스완네 쪽으로: 잃어버린 시간을 찾아서(프루스트) ▲인간의 조건(말로) ▲파우스트(괴테) 등등

헉헉, 이걸 어떻게 읽어? 그냥 교수님하실 분들만 읽으면 되지.

인생은 뭐든지 좀 고통스럽더라도 네가 재밌는 것을 해야 하는 거야. 그래서 자꾸 하고 또 하다 보면, 그러다 보면 어느덧 작두를 타게 되지.

내 추천은 이거야. 재미있는 걸 읽어. 고전도 관념적이고 지나치게 사변적인 책 말고 서사가 있는 재밌는 작품을 고르는 거지.

이를테면《몽테크리스토 백작》같은 거. 복수극의 전형이지. 내가 아는 어떤 작가는 복수극을 쓰다가 막히면《몽테크리스토 백작》을 다시 꺼내 읽는다고 해. 거기 다 들어 있다는 거지.《안

나 카레니나》 같은 건 사각 멜로, 치정 멜로의 훌륭한 전형이고.

그렇게 각 장르별로 하나씩 너만의 고전 리스트를 만들어보고 아무것도 안 써질 때, 혹은 쓰다가 막힐 때 손 가까이 두고서 이독 삼독할 것.

Q 요즘은 각 공모전에 미니시리즈가 대세인 듯해서 미니시리즈를 쓰고 싶어요.

용기는 가상하다만 지금 네 상태에서 바로 미니시리즈를 쓰겠다는 건, 음악으로 비유하면 피아노 배우면서 이제 바이엘 〈나비야 나비야〉 치기 시작한 사람이 오케스트라 지휘하겠다는 거랑 비슷한 얘기야.

글쓰기에도 근육이 있거든. 너는 이 근육을 먼저 길러야 해. 아무리 마음이 급해도 단막극 대본을 먼저 쓰기를 강추한다. 최소한 호평받는 단막극을 네 개 이상 쓰고 난 후, 2부작 드라마에 도전하고. 이렇게 차근차근 근육을 키워나가야 해. 미니시리즈 얘기는 책 말미에 다시 한번 해줄게.

Q 제가 드라마 작가적 자질이 있어 보이나요? 언제까지 해야 하나요?

이건 주로 대본을 처음 쓰고 나서 많이들 하는 질문이야.

"오, 놀라워 놀라워! 너는 그동안 어디 묻혀 있었니? 첫 작품을 어떻게 이렇게 잘 쓰지? 너는 천재 작가야."

백이면 백, 다 이런 대답을 듣고 싶겠지만, 천만의 말씀 만만의 콩떡이지. 0.002퍼센트의 확률이야.

초반부터 너무 기를 죽이는 것 아니냐고? 엄… 꼰대처럼 보이는 건 죽는 것보다 싫지만, 나도 지금 딱 너 같은 시절에 대본을 써봤거든.

첫 작품을 완성하고 얼마나 스스로 기특하고 대견했던지. 합평을 앞두고 가슴이 콩닥콩닥 뛰며 '나보고 천재 작가라고 그러면 애써 어떤 겸손한 반응을 보여야 할까. 연출을 하지 말고 작가를 할까?' 뭐 이런 황홀한 나르시시즘에 빠졌었지.

결론은?

하… 그날 합평회 때의 굴욕과 수모는 지금도 잊지 못한다. 아니 잊을 수가 없다. 내 대본을 난도질해 아주 걸레 쪼가리로 만들었어. 아, 내 대본을 씹은 저 불특정 다수의 인간들에게 적개심이 생기더니 급기야 이 세상을 저주하게 되더구나.

'온 세상이 다 물에 잠겨버렸으면….'

이런 못된 생각까지 하게 되고.

'삐!!!(안의 말은 네가 알아서 상상해) 왜 나 같은 천재를 몰라주는 거야!'

어떤 사람은 '1만 시간의 법칙'을 이야기하기도 하고, 글은 엉덩이로 쓰는 거라고 강변하는 사람도 있어. 하지만 내가 내린 결론은 '아무도 모른다'야.

전에는 나도 학생들을 가르치며 시건방을 좀 떨었어. 너는 작가적 자질이 있네 없네, 인생 낭비하지 말고 빨리 다른 길을 알아보라는 둥 말이지. 그런데 놀라운 일이 벌어졌어.

5년 전에 내가 가르쳤던 학생 중에 '얘는 안 되겠다. 빨리 다른 길을 찾는 게 낫겠는데…' 했던 아이가 있었는데, 그러곤 까맣게 잊었지. 그런데 5년 후에 그 아이가 웹드라마 공모전 당선 및 웹소설 수상 등등을 하며 드라마 작가로 당당히 데뷔한 거야. 그 아이를 보고 나는 우리 집 가훈의 위대함을 다시 한번 깨달았어.

'남의 인생에 함부로 개입하지 말자!'

그 아이는 작가 교육생 시절 온갖 지적질과 절망적인 혹평을 당했어도 드라마를 좋아했고, 글 쓰는 걸 꾸준히 했고, 그리고 무엇보다 작가로서 제일 중요한 덕목인 '인간에 대한 연민과 애정'이 있었던 거야.

그렇게 글쓰기의 잔인한 고통을 즐기다 보면, 혹은 그 고통스러운 희열을 물릴 때까지 하다 보면 보이지 않을까? 나도 작가가 될 수 있다는 것이, 아니면 인생에는 다른 길도 있다는 것이 말이지.

박찬욱 감독의 어느 인터뷰에서 본 글인데, 어느 날 박 감독의 아이가 아빠에게 물어봤대.

"아빠, 우리 집 가훈이 뭐예요?"

잠시 정적이 흐른 후 박 감독이 일필휘지로 적었대.

'아니면 말고!'

아이의 담임 선생님은 좀 황당했겠지? 하고 많은 가훈 중에 '아니면 말고!'라니. 이런 패배 의식을 조장하는 가훈이라니!

박 감독 왈, 세상에 상처받을 일이 얼마나 많으냐는 거지. 자신이 좋아하는 것과 자신의 재능이 일치하면 더할 나위 없이 행복하겠지만, 인생이란 본디 기쁜 일보다는 서글픈 일이 더 많은 법! 최선을 다했는데도 하다하다 안 되면 마포대교 찾아가는 어리석은 짓 하지 말고 과감히 "아니면 말고!"를 크게 외치는 의연함이 필요하다는 거지.

'끝장낼 용기!'의 위대함을 쉽게 풀어낸 삶의 통찰이야. 근데 이걸 악용하는 애들이 있어. 최선을 다하지도 않고 여기저기 기웃대다 뭐 좀 안 풀리면 "아니면 말고!"를 외치더라고. 노놉! 그건 아냐. 자기 자신이 제일 잘 알 거야. 내가 최선을 다했는지, 다한 척한 건지.

#scene 2

글쓰기의 공포를 없애는 4가지 처방

쫄지 않고 글쓰기 근육 키우기

이번엔 글쓰기 공포를 없애는 법에 대해 이야기를 해볼까 해.

너야 지금 의욕 만땅으로 뭐든 막 쓸 수 있을 것 같지만 말이야. 막상 노트북 앞에 앉으면 연예인 기사 서핑해야지, 유튜브에서 드라마 하이라이트도 봐야지, SNS도 좀 해야지, 그러다 보면 어느덧 자연스레 엑스 남친이나 여친 페북에 들어가 있을 거야.

'나는 이렇게 힘든데 너는 어쩜 그리 잘살 수가 있니?'

'그새 또 다른 사람 만났구나, 개자식!'

이러다 진이 쭉 빠지고, 대본을 쓰긴 써야 하는데 막상 한 줄도 못 나간 채 깜빡거리는 커서 리듬에 맞춰 눈만 껌뻑거리는 거지. 성질 나쁜 애들은 옆에 있는 선량한 가족에게 온갖 짜증을 다 낼 거고.

하필 술 먹자는 애들은 왜 그렇게 많이 생기는지. 그게 인문학적 용어로 '글쓰기 저항 현상' 혹은 '글쓰기 공포 현상'이거든. 누구나 다 처음엔 이런 경우가 있어. 자연스러운 거야. 쫄지마. 이걸 먼저 극복해야 한다.

내가 얘기했지? 대본 쓰기에도 근육이 필요하다고. 기초체력을 잘 길러야 해. 마치 기타 칠 때 손가락 근육이 생겨야 C코드에서 F코드를 잡을 수 있듯이 말이야.

가수 송창식은 말이지…. 송창식이 누구냐고? 조용필 오빠는 알지? 가왕. 송창식은 용필이 오빠에 필적할 만한 유일한 가수지. 얘기가 좀 빠진다만, 이건 아마 내가 제일 처음 하는 이야기일 거야. 조용필 오빠는 사실 본인의 라이벌이 누구냐는 질문에 '김민기'라고 수줍게 대답한 적이 있었대.

김민기는 또 누구냐고? 엄… 야, 그래도 김민기가 누군지는 알아야 하는 것 아니니? 한국 현대사를 공부하든 문화예술사를 공부하든 반드시 만나게 되는 사람이 바로 김민기야.

그래, 몇 년 전 촛불광장에서 불렀던 〈아침이슬〉. 요즘은 공식 행사 때도 종종 부르더라. 엄… 지금은 또 아닌가? 여하간.

뭐? 나는 BTS가 몇 명인지는 아냐고? 너 나 공격하는 거니 지금? 아무리 그래도 내가 너보다 스무 살은 더 많은데….

넌 학생이고, 난 선생이야!(김하늘 톤으로)

하여튼! 송창식 형은 지금도 매일 아침 기타를 잡으면 메트로놈에 맞춰 '따따따따 따따따따 따따따따 따따따따' 스트로크를 한다는 거야. 하루도 빠짐없이 말이지. 이게 기타 처음 칠 때 하는 기초 훈련이거든. 대본 쓰기에도 이런 훈련이 필요한 거야.

'글쓰기 공포 현상'을 극복하는 4가지 처방전을 내려주마.

1. 필사

네가 제일 좋아하는 단막극 대본을 필사하는 거야. 매일 시간을 내서 한 시퀀스라도. 아무리 바빠도 한 신이라도. 매일 꾸준히. 매일에 방점을 찍을 것!

같은 대본을 여러 번 필사하면 어느 순간 저절로 지문 쓰는 법, 구성의 리듬감, 대사 쓰는 법, 이런 게 생기거든.

미니시리즈 전 회를 필사하는 것도 괜찮은 방법이야. 단, 너무 마니아적인 작품은 고르지 말 것. 어느 정도의 작품성과 대중성을 담보한 작품이 정신 건강에도 좋음.

내가 드라마 작가 수업 시간에 강추했던 작품은 정유경 작가의 〈내 약혼녀 이야기〉야. 단막극 최초로 팬클럽이 만들어질 정도로 유명했던 작품이야.

이경희 작가의 〈소영이 즈그 엄마〉도 추천해. 지금 봐도 눈물이 '똑' 떨어져. 그리고 한때 나의 솔메이트였던 권기영 작가의 〈나의 그녀 이야기〉도 좋아. 에이즈에 걸린 연인들의 이야기인데, '어떻게 이런 소재에서 감동이 나오지?' 싶은 경이로웠던 기억이 있어. 단막극의 클래식들이야.

최근작으로 추천하고 싶은 건 강한 작가의 〈나의 가해자에게〉, 이봄 작가의 〈관종〉, 권혜지 작가의 〈나쁜 가족들〉 등이야. 업계 선수들이 보통 삐딱한 자세로 방송을 보거든. '그래 얼마나 잘하나 보자'라는 이런 질투와 시기 어린 마인드로 말이야. 근데 이 작품들은 그 삐딱함을 이겨낸 작품들이야. 나도 모르게 감정이입해서 본 드라마란 얘기지.

2. 배째라 정신이 좀 필요해

남의 시선을 아랑곳하지 않아야 해. 어차피 나는 털리게 되어 있다. 대본 쓰기에 천재는 없다. 손정현 PD도 습작 시절 개망신당했다. 남들은 내 글에 그렇게 관심이 없다! 이와 같은 마인드를 가지라는 거지.

3. 메모하는 습관

이것도 습관화시켜야 해. 간혹 이런 분들도 있어.

“저는 메모하지 않습니다. 왜? 간직한 것은 잊히지 않게 되어 있거든요.”

그러나 불행히도 이런 분들하고 너는 비교 대상이 아니야. 그러니 어디서 재미있는 말을 들으면 까먹기 전에 적는 거야. 드라마거리 영감이 떠오르면 막 적어. 카페 냅킨에도 막 적어. 옆 사람 펜을 빌려서라도 적어. 혹은 스마트폰으로 적든가.

그렇게 소소하게 적어둔 메모가 어느 날 문득 그대의 뒤통수를 강타하는 날이 있을 거임. 어떤 분은 반드시 손글씨로 적어야 한다는 주장을 펴기도 하지만 그것은 개취의 영역으로!

4. 졸작 보기

요건 옵션인데, 방송 나간 작품 중에 정말 한심하다고 생각하는 졸작을 가끔 봐봐. 그러면서 막 욕하는 거지.

“작가와 감독이 누구야? 미친 거 아니니? 아니 도대체 무슨 생각으로 저렇게 만든 거지? 저 많은 제작비는 도대체 어디다 처박은 거야? 내가 지금 써도 저거보다는 잘 쓸 자신 있다.”

이러면서 근자감을 막 키우는 거지. 일정 정도 필요해. 그런데 굳이 내가 연출한 작품 중에서 망한 드라마를 고를 필요는 없는 거 알지? 나도 사람인지라 너한테 살짝 섭섭하지 않겠니?

이렇게 4가지 처방전을 써드렸으니 알아서 너에게 맞는 걸로 약 타 가시길. 참, 행여 혹시나 하는 기우에서 하는 말인데, 가끔 가다 보면 뭔가 비장한 각오를 다지기 위해서, 혹은 작가가 되기 위한 배수진을 치기 위해서 하던 일을 다 때려치우거나 사표를 던지는 사람들이 있어.

워워~ 그건 아냐. 그건 아냐.

밥벌이의 지겨움. 밥벌이의 신산함. 그래, 알아, 알지. 하지만 아직 아냐. 그래도 모든 밥벌이는 신성한 거야.

전업을 고민할 시기는 나중에 자연스럽게 올 거야. 지금 사표를 내는 순간, 너는 촉망받는 작가 지망생이 아니라 꼴백수로 전락해서 글 쓰는 생각보다 '내가 왜 이렇게 살고 있지?' 하는 실존적 고민을 하느라 시간을 낭비할 수 있어. 몸도 망가지고.

몸과 마음은 같이 가는 거란다. 그러니까 최소한의 경제생활은 해야 하는 거야. 어차피 드라마라는 게 살아온 경험이나 깊이만큼 나오는 거거든. 그러니까 지금 네가 무슨 일을 하든 '이게 다 드라마에 도움이 될 거다'라고 생각해.

실제로 내가 아는 어떤 작가는 대기업 카드 회사에서 오래 근무했는데, 본인의 회사 에피소드를 주요 아이템으로 잘 활용한 미니시리즈가 당선이 됐단다. 그리고 급기야 2020년에는 스브스 월화드라마 〈VIP〉로 화려하게 데뷔! 인생의 길 위에 가로등이 훤히 켜지기 시작했단다. 부럽다고? 세상에 거저 되는 건 없다. "질투는 너의 힘!"이란 말로 심심한 위로를!

#scene 3

드라마는 콘셉트다

손 PD의 흑역사로 배우는,
안 되는 드라마의 콘셉트

자, 여기까지 잘 따라왔어. 이제 드디어 드라마 콘셉트 잡는 법! '도대체 무슨 얘기를 해야 하나' '무엇에 관한 이야기지?' '누구에 관한 이야기지?' 같은 원칙을 정하는 거야. 작법책에는 콘셉트 잡는 법이 중구난방으로 나온다만 그건 그냥 참고로 하고.

먼저 나의 외로웠던 창작기를 들려주마. 전에 얘기했지? 나도 한때는 원대한 꿈을 안고 드라마 대본이란 걸 쓴 적이 있다고.

이건 나의 감추고 싶은 흑역사야. 왜 그딴 걸 들어야 하냐고? 그래도 들어봐. 다 너한테 피가 되고 살이 되는 얘기야. "나의 불행에 위로가 되는 것은 타인의 불행뿐이다. 그것이 인간이다"라는 소설가 양귀자 누님의 말씀.

최승자 시인은 30세를 이렇게 이야기했어.

"이렇게 살 수도 없고 저렇게 죽을 수도 없을 때 서른 살은 온다."

광석이 형은 또 이렇게 불렀지.

"또 하루 멀어져간다. 매일 이별하며 살고 있구나."

그 서른. 연애는 늘 어긋나고. 하, 그때는 왜 그렇게 연애가 힘들었을까? 지금 하면 잘할 것 같은데…. 헉! 내가 지금 무슨 소릴 하는 거니. 아무튼 그때 서른 시절. 온통 삶이 서걱거릴 때, 내 청춘에 뭔가 죄를 짓고 있는 듯한 죄책감이 들 때 결심했지.

'쓰고야 말리라.'

그때 나는 최승자 시인의 시에 꽂혀 있었어. 그래서 이 충만한 시심을 드라마로 쓰기로 했지. 우선 로그라인부터 먼저 써내려갔어.

> **로그라인** | IMF 외환위기로 명퇴당한 한때 문학청년 직딩, 첫사랑을 만나다. 그런데 하필 단란주점이고, 그는 너무 변한 그녀를 알아보지 못한다.

인생에 가로등이 켜질 줄 알았던, 그러나 현실은 비루한 서른 살. 첫사랑마저 타락하게 만드는 비정한 자본주의. 영화 〈초

록물고기〉를 레퍼런스로 삼았던 기억이 나네. 첫 대본을 완성한 새벽, 혼자서 얼마나 뿌듯했던지.

'이 천재 작가의 탄생을 세상이 축복해줄 거야. 나보고 작가하라고 그러면 어떡하지?' 등등 말도 안 되는 황홀한 고민을 했었지.

뭐? 로그라인만 보면 별 재미없어 보인다고? 그래 재미없었어…. 이제야 말할 수 있다! 누구나 첫 대본은 그런 거야. 앞에서 얘기했듯 너무 처참하게 난도질당해서 이제는 기억조차 가물가물하네. 나에게 첫 외상 후 스트레스 장애PTSD를 안겼던 작품이지.

이거는 그냥 넘어가자. 단, 뭔가 가슴이 물컹물컹하고 '난 이 이야기를 반드시 해야겠다'라는 게 있어야 대본은 써진다는 거. 그런 교훈 하나 정도 건졌지.

두 번째 작품은 방송국 이야기였어. 내가 직접 경험했던 에피소드, 무대 뒤의 이야기, 나만 알고 아무도 모르는 이야기들이니까 반응이 빡 올 거라고 생각했지. 제목은 〈아티스트를 위하여〉였어. 그럴싸하지?

그때도 시구 하나에 꽂혔어. 윤동주 시인의 〈쉽게 쓰여진 시〉에 있는 시구였지.

"인생은 살기 어렵다는데 시가 이렇게 쉽게 쓰여도 되는 일일까?"

이 작품은 '인생은 살기 어렵다는데 드라마가 이렇게 막 만들어져도 되는 것일까?' 하는 자괴감에서 출발해. '도대체 진정한 예술이란 무엇인가?'라는 질문에 대한 답을 찾고 싶었어. 너무 거창하다고? 야, 원래 그때는 그런 나이야. 지적으로 보이고 싶고 현학적이고 싶고 뭔가 있어 보이고 싶은.

신입 사원들이 늘 이상과 현실의 다름에 부딪혀 좌절하듯 조연출이었던 나 또한 그랬었어. 지금은 현장이 많이 민주화됐지만 그 당시에는 살벌했지. 보조 출연자들과 소품을 담당하는 스태프들은 아예 사람 취급을 못 받았어. 욕설과 막말이 난무하는 아수라판이었던 촬영 현장, 이기적인 감독과 배우, 개고생하는 스태프들의 애환. 뭐 그런 거를 담으려 했던 것 같아.

아귀 같은 촬영 현장에서 스태프들은 개고생하고, 그러다 소품을 담당하는 아이가 불의의 사고로 다치지. 한때 김승옥의 《무진기행》을 달달 외우고 다녔던 감독은 '드라마는 다 그런 거야'에 젖어 있어. 우여곡절 끝에 촬영이 끝나고 드라마는 시청률도 잘 나오지만, 병실에 누운 소품팀 막내를 보면서 '어쩌면 네가 진정한 아티스트인지도 모르겠구나' 했던 작품이었어.

에피소드는 살아 있었지만 역시 산만했지. 주인공이 조연출이다 보니 액션보다는 리액션이 많았고 관찰자의 시선으로만 머물러 있었어. 읽고 나면 '에피소드는 재밌는데 그래서 뭐?' 하는 반응만 있었던 것 같아.

교훈 | 역시 주인공은 설쳐야 해. 뭘 하려고 아등바등하거나 욕망이 있어야 부딪침도 생기고 갈등도 생기지.

이제 나도 살살 오기가 생기기 시작했어. 제발 그만들 좀 씹어대라. 나의 세 번째 작품은 너희들과 세상을 정말 깜짝 놀라게 하리라! 이렇게 나온 비장의 카드는 〈학사주점 달구지〉라는 작품이었지.

로그라인 | 죽었던 운동권 선배, 유령이 되어 그때 그 사람들에게 돌아오다. 그런데 그는 자신이 죽은 줄 모른다.

증권사 에이스인 나. 언제부턴가 동창들 사이에서 종호 형이 나타난다는 소식이 들려. 10년 전에 군대에서 죽었는데, 미친 헛소리라 생각했는데, 어느 날 실적을 위해서 눈 딱 감고 양심에 어긋난 짓을 하고 술이 꽐라가 된 날, 내 앞에 딱 나타나. 자기가 유령인 줄도 모르고. 잘 지냈느냐고.

꿈인 줄 알았는데 그다음 날부터 자꾸 나타나. 고향 부모님 얘기, 데모하던 얘기, 옛사랑 얘기를 해. 게다가 나는 운동sports

할 시간도 없는데 이 형이 자꾸 운동movement 이야기를 하네. 블라블라 중략.

어느 날부턴가 이 형의 형체가 하나씩 없어져. 그래서 나는 이 형을 살려야겠다 결심해. 그의 영혼이 쉴 곳은 어디인가? 10년 전 형과의 추억의 그림자가 남아 있는 대학교 앞을 가. 교정 이곳저곳을 거닐다가 발길이 닿은 곳은 단골집이었던 학사주점 '달구지'였어. 스무 살 시절 문학과 혁명과 청춘과 사랑을 노래하던 그곳. 그러나 웬걸! 학사주점 달구지는 삼류 단란주점으로 바뀌어 있었어. 나는 미친 결심을 해. 있는 돈을 다 끌어모아서 거길 다시 옛날 학사주점 달구지로 만들어.

엔딩 장면은 그 자욱한 주점 연기 사이로 청년 종호 형이 다시 살아나오고 박종철, 이한열, 김귀정, 전태일 등등 민주화 운동에서 돌아가셨던 분들이 다 돌아온다는 얘기.

이건 내 대학 시절 가장 존경하고 사랑했던 87학번 운동권 선배 이야기였어. 우리 돌아가신 엄마 말고 내가 봤던 사람들 중에서 세상에서 제일 착했던, 그러나 불의의 사고로 군대에서 돌아가신 선배였어.

그에게 헌정하는 작품이라 나 스스로 비장한 마음으로 써 내려갔지. 기형도 시인의 10주년 추모 에세이에서 영감을 얻었던 것 같고, 영화 〈꿈의 구장〉을 레퍼런스로 삼았던 것 같아.

〈식스 센스〉가 개봉해 관련 업계 선수들의 기를 팍팍 죽이던 시기이기도 했어.

이 작품을 못 잊는 에피소드가 또 하나 있어. 세 번째 쓰니까 아주 조금 반응이 오더라고. 어깨가 살짝 '으쓱'해졌지. 당시 약간 썸 타던 여자 친구가 있었는데, 내 딴에는 잘난 척한다고 슬쩍 이 대본을 보여줬어. 그녀도 음악평론을 하던 친구였거든. 뭔가 연애에 기폭제가 될 줄 알았는데, 세상에나 세상에나. 이번엔 믿었던 그녀가 이 대본을 난도질하네. 헉! 그녀도 글 쓰는 친구라 글 앞에선 너무 솔직했던 거지.

어떻게 되었냐고? 내 대본 씹으면 세상이 다 미워 보이는데 그녀라고 예외였겠니? 쫑 났지. 나름 괜찮았던 친구였는데 잘 살고 있으려나…. 어머, 무슨 소리를 하는 거니, 내가 지금!!!!

아무튼 이 작품도 '이제야 말할 수 있다'를 해보자면, 당시 학생운동에 조금이라도 우호적이었던 사람들만 좋아했던 것 같아. 그 시절엔 이런 후일담 문학이 유행이기도 했거든. 하지만 드라마로 만들기에는 타깃층이 너무 협소했던 거지. 그리고 '그때 그 사람들 참 아름다웠어'라는 내 주제 의식이 너무 과도하게 넘치기도 했고. 작가는 주제를 스며들게 해야 되는데 말이야. 너무 직설적으로 외쳤지.

교훈 | 주인공의 입을 빌려 작가의 주제 의식을 직설법으로 얘기하지 말자!

점점 더 오기도 생기고, 글 쓰는 게 한편으론 재미있게 느껴졌어. 아, 요런 맛에 쓰는구나. 그리고 막혔을 때 뭔가 하나 탁 풀리는 쾌감을 느껴보기도 하고, 새벽에 마침표를 찍고 났을 때의 그 고통스러운 쾌감도 맛보았지. 아마도 하드록 음악 하는 분들이 음악에서 느끼는 뽕맛이 이런 게 아닐까 싶었어. 그리하여 필 받은 김에 한 편 더 썼지.

이번엔 기필코 노희경 작가님의 〈세상에서 가장 아름다운 이별〉처럼 감동이 쓰나미처럼 밀려오는 작품을 쓰리라! 난 나름 자신이 있었어. 왜냐하면 이번 건 우리 가족 이야기였거든.

알코올중독증 아버지와의 불화와 화해를 콘셉트로 한 작품이었지. 그것도 2부작. 이건 공모전에도 냈어. 스브스 드라마 극본 공모에 단막극 2부작으로. 아, 물론 필명으로 응모했지. 필명을 짓느라 일주일 동안 주접을 떨었던 기억이 있네. 필명 '창작집단 빛나는 길'. 거하다 거해!

어머니 장례식에 아버지는 예의 그 진상 주사를 부리기 시작하고, 장례식장을 개판으로 만들어. 형은 외국으로 다시 가고 나와 아버지의 불편한 동거가 시작돼. 아버지의 알코올중독으로 인해 사사건건 부딪치고 싸우지. 나는 급기야 아버지와의 결별을 선언하는데, 먼 친척 형이 와서 나도 모르는 아버지의 과거를 들려줘.

그가 가정을 지키기 위해 얼마나 많은 수모를 겪었는지 아느냐. 무직자 시절 일자리를 얻기 위해 얼마나 노력을 했는지 아느냐. 아! 그도 힘들었겠구나. 나는 최초의 연민을 느끼지만, 잠잠했던 아버지의 주사가 다시 시작되고, 결국 아버진 알코올성 치매에 걸리고 말지.

스브스 공모전에 자랑스럽게 접수를 했지. 맨 마지막으로. 뭔가 끝까지 고민하고 수정했다는 의도를 남기기 위해. 이후 '전화가 오면 어쩌지? 내가 당선되면 이게 내부자거래 아닌가?' 등등 온갖 불온한 상상을 했지만, 전화벨은 끝내 울리지 않았어.

"여기까지가 끝인가 보오~"

김광진의 〈편지〉 가사가 팍팍 가슴에 꽂히더구먼. 한동안 술에 절어 지냈어. 그러면서 일주일을 곰곰이 생각해봤지. 뭐가 문제일까?

#scene 4

인생은 멋지지만 날것

드라마는 극화된 스토리여야 한다

 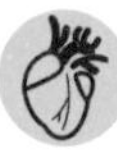 

당시 친했던 〈미안하다, 사랑한다〉 이경희 작가님께 대본을 살짝 보여준 적이 있었어. 딴에는 또 칭찬받을 걸 기대하면서 말이야. 그런데 전화가 없더라. 예전이나 지금이나 전화가 없으면 반응이 안 좋다는 얘기야. 그래서 어느 날 용기 내서 내가 전화를 걸었지.

"잘 지내시죠. 작품 준비는 잘 돼가세요?"

블라블라 딴소리하다가 훅 던졌어.

"혹시 제 대본은 보셨어요?"

"아, 예… 잘 봤어요. (머뭇머뭇) 좀 더 '극화'시키지 그랬어요….”

극화! 극화! 극화!! 결론은 말이야. 아주 단순했어. 세 작품은 전부 다 내 얘기 아니면 내 주변 사람 이야기였던 거지. 그걸 세련되게 '극화'를 시켰어야 했는데, 나는 내가 직접 겪은 에피소드만으로도 감동을 줄 거라 착각했던 거야. 나의 이 아름다운 주제 의식이 먹힐 거라 생각했는데 아니었던 거야.

'아, 인생은 결코 뜻대로 되지 않는다'를 절실히 느꼈어.

그래서 나는 드라마 현장 복귀를 100일 앞두고, 상업적으로 극화시킨 대본을 한번 원 없이 후회 없이 제대로 써보리라 스스로에게 출사표를 던졌지.

로그라인 | 넘버원이 되고 싶은 삼류 깡패와 불량 초딩 조카의 단짠단짠 동거기. 그런데 조카는 그를 국정원 요원으로 알고 있다!

만수는 폼 나게 살고 싶어. 기꺼이 조폭의 길을 걸어. 그의 동거남은 비행기 사고로 돌아가신 형님 부부의 외아들. 애한테는 차마 "네 삼촌이 조폭 떨거지다"라고 얘길 못 하니까 그냥 국가비밀 요원이라 개뻥을 쳐. 그래서 가짜 신분증도 만들고 진짜 같은 가짜 총도 양복 품에 넣고 다녀. 어느 날 보스가 기습을 당하는데, 얼떨결에 가짜 총으로 그를 구하는 혁혁한 전과를 올린 이후 만수는 승승장구. 그러다 조카의 학교를 방문하는데,

어여쁜 선생님을 만나곤 가슴이 쿵쾅쿵쾅! 블라블라(중략).

그러다 조폭인 게 들통이 나고 조카는 울며불며 대실망. 둘은 대판 싸우지. 학예회 날 아이는 무용복 없이 초라한 모습으로 무대에 올라가. 그 모습을 본 사람들이 부모 없는 애라고 수군대지. 분위기 깬다고. 그 시각 만수는 조폭들과 사투를 벌이고 있어. 보스한테 배신당한 거지. 선생님의 연락을 받은 만수는 조폭들을 물리치고 학예회장으로 달려오는데….

제목: 〈만수의 전설〉

다시 보니 제목 정말 후지다. 왜 제목을 이렇게 지었는지…. 근데 이건 반응이 빡 오는 거야. 여차하면 내 연출 입문작으로 할까 말까 그러고 있었지. 그런 자신감으로 MBC 드라마 극본 공모에 낸 거야.

그런 다음 혼자 변산반도로 여행을 가서 소주를 한잔하고 대본을 다시 봤는데, 너무 재미있는 거야. 이걸 내가 썼단 말이야? 자뻑을 해가면서. 소주하고 회는 어찌나 달던지 두 병을 깠나 봐. 드디어 나는 대본 창작에 눈을 뜬 거야. 하하하!

어떻게 됐냐고? 그러나 역시 전화벨은 울리지 않았어.

'이럴 리가 없어. 어느 멍청한 PD한테 걸려서 누락이 됐나?'

냉엄한 현실을 '부정'하다가 급기야 MBC를 저주하는 '분노'

단계까지 이르렀지. 미친 척하고 내 연출 입문작으로 해볼까 했지만 뭔가 2퍼센트 부족한 건 나도 알 것 같았어. 그런데도 그대로 쓰는 건 권력 남용인 것 같기도 하고. 그래서 묘안을 떠올렸지. '그래, 기성 작가에게 각색을 맡기는 거야. 모자란 2퍼센트 좀 채워주세요.' 결과는? 이 아저씨는 완전 다른 작품을 써왔더라고. 씸플!

그때 가슴 저 깊은 곳에서 어떤 계시를 받았어. '작가는 아무나 하는 게 아니야. 전생에 죽을죄를 지은 사람만이 후생에서 그 업보를 씻으려고 하는 게 작가야.'

원 없이 써봤다고 생각을 했어. 그래서 전혀 미련이 없었지. 다시 현장으로 복귀할 시간도 다가왔고. 이 또한 자연스러운 흐름처럼 느껴졌어. 프린트 대본을 쓰레기통으로 처박았지. 행여나 또 한 번 글쓰기에 미련을 느낄까 봐 노트북 파일들도 다 지워버렸어. 이건 후회되네. 너한테 지금 보여줬으면 자근자근 씹으며 자신감이라도 생기게 할 텐데. 하하!

아, 쪽팔려 쪽팔려. 빨리 화제를 다른 데로 전환해보자. 나의 상처받은 가슴을 위로해다오. 따뜻한 정서를 느껴보고 싶다. 가슴이 막 몽글몽글해지고 싶어. 시 한 편 읽어볼까? 네가 알 수도 모를 수도 있는 황지우 형의 절창.

너를 기다리는 동안

네가 오기로 한 그 자리에
내가 미리 가 너를 기다리는 동안
다가오는 모든 발자국은
내 가슴에 쿵쿵거린다
바스락거리는 나뭇잎 하나도 다 내게 온다
기다려본 적이 있는 사람은 안다
세상에서 기다리는 일처럼 가슴 애리는 일 있을까
네가 오기로 한 그 자리, 내가 미리 와 있는 이곳에서
문을 열고 들어오는 모든 사람이
너였다가
너였다가, 너일 것이었다가
다시 문이 닫힌다
사랑하는 이여
오지 않는 너를 기다리며
마침내 나는 너에게 간다
아주 먼 데서 나는 너에게 가고
아주 오랜 세월을 다하여 너는 지금 오고 있다
아주 먼 데서 지금도 천천히 오고 있는 너를
너를 기다리는 동안 나도 가고 있다

남들이 열고 들어오는 문을 통해
내 가슴에 쿵쿵거리는 모든 발자국 따라
너를 기다리는 동안 나는 너에게 가고 있다.

_황지우 시집 《게 눈 속의 연꽃》 중에서

좋지? 내가 예전에 시를 제법 좋아했거든. 우리 젊을 때는 시집 선물하는 게 유행이었단다. 나는 순전히 연애편지의 품격을 높이려는 불순한 이유에서 시를 좋아하긴 했다만.

드라마 얘기하다가 웬 뜬금없는 시냐고? 〈피아노〉를 연출한 오종록 감독님이 내가 시를 좋아한다는 걸 아시고선 술자리에서 그랬어.

"드라마도 어느 순간엔 결국 시적인 순간이 된단다"라고.

지금은 시가 천대받는 시대이긴 하지만 그럼에도 불구하고 드라마를 잘 쓰시려면 시를 틈틈이 읽으세요. 뭐 싫다고? 알았다, 알았어. 시는 절실해질 때 읽도록 해. 그때가 올 거야. 대본을 쓰다 보면 자연히 외로움이 인생의 기본 질료라는 걸, 인생은 누구나 초라하다는 걸 알게 돼. 그때 읽어.

다시 드라마로 돌아가자. 이경희 작가가 "극화시키지 그러셨어요"라고 했잖아. 그게 무슨 이야기냐 하면, 처음엔 다들 이렇게 나처럼 자기 이야기를 쓴단 말이야. 그런데 시장에 가면 거기 계신 분들도 다 뭐라고 하냐면, "아이고, 나 살아온 얘기를 소설로 쓰면 3박 4일도 모자라" 한다고.

자기 얘기를 쓰면 장점이 있어. 직접 겪은 에피소드라서 생생하고, 무엇보다 자기 힐링 효과도 있고. 그래서 나쁘지 않아. 나도 학생들한텐 이렇게 말해.

"정 쓸 게 없으면 본인 얘기를 쓰세요. 본인의 트라우마를 드러내는 거. '나는 이 얘기를 꼭 드라마로 쓰고 싶었어요' 할 만한 거. 가슴속에 꼭꼭 숨겨둔 거. '이 얘기를 써야 마음이 후련해질 것 같아요' 하는 거."

그런데 나도 고백했다시피 딴에는 가슴이 울컥울컥하면서 대본을 쓰거든. 근데 전화벨은 결코 울리지 않는다? 나는 그게 '극화'의 문제라고 생각해.

내가 황지우 시를 왜 꺼냈냐 하면 기다림에 관해서 이보다 더 가슴 아리게 표현한 예술 작품은 없다고 생각하기 때문이야. 그런데 이 시에서 '너'가 누구 같아? 당연히 연인? 미래의 와이프? 뭔가 성적 긴장이 조금 덜하지 않니?

조금 더 들어가 보자. 나는 외사랑하는 대상이 아닐까 생각해. 외사랑의 감정이 뭔지 알려면 김광석의 〈외사랑〉이란 노랠 잠시 들어봐. 정말 좋을 거야. 공단 야학을 다니는 노동자가 대학생 선생을 몰래 좋아한다는 내용이야.

다시 황지우 시로 돌아가면, 이 시는 사실 언제 쓰였는지 알아? 내가 들은 바로는 황지우 시인이 경제적으로 어려웠던 시절 급전이 필요했는데, 그래서 일간지 문화부 기자한테 SOS를 치고 카페에서 그를 기다리며 절박한 심정으로 썼다는 거야.

드라마적 '극화'란 이와 비슷한 거야. 자기가 경험했지만 이게 보편적 공감을 획득하기 위해서는 '너'가 돈 빌려줄 사람이 아니라 외사랑의 '너'여야 한다는 거.

시는 해석의 다양성이라는 무기가 있지만 드라마는 '비주얼 스토리텔링'이잖아. 그렇기 때문에 드라마로 쓰려면 반드시 외사랑의 '너'여만 한다는 거지. 나는 이게 '극화'의 힘이라고 믿어.

드라마 작가는 자기의 에피소드를 날것으로 드러내기보다 관객들이 어떤 주인공에게 감정이입을 해야 정서적 임팩트가 날 것인가를 철저히 유체이탈해서 고민해야 한단다. 안 그러면 내 꼴 나는 거야.

'유체이탈'이라 하니 한때 청와대에 계셨던 분이 생각나네. 그분은 유체이탈은 잘하셨지만 드라마 작가 될 자질이 0.01퍼센트도 없는 분이야. 왜냐고? 너도 알잖아. 그분은 인간에 대한 연민과 애정이 없었어. 세월호 유족들을 짐짝처럼 내팽겨쳤잖아. 내가 말하는 유체이탈은 자기 대본을 객관적으로 볼 줄 알아야 한다는 애기야.

이 대목에서 솔직히 고백할게. 사실 다른 작법책도 그렇고 지금 블라블라 떠들고 있는 나의 이 구라도 그렇고 너의 창작엔 그리 도움이 안 될 거야. 왜냐고?

모든 예술, 특히 글쓰기의 영감이란 게 사실은 인투이션intuition, 직관이거든. 송창식 형의 멘트를 들어볼까?

> "가사를 지을 때 보통 사람들이 어디에서 영감을 얻는다 말하는데, 그 영감이라는 게 그냥 딱 하고 나오는 게 아니에요. 인생 전체에서 어떤 편린이 나오는 거지 안테나에서 전파 수신하듯이 '틱' 이렇게 나오는 게 아닙니다."

뭐 그래서 어쩌라고? 누가 그걸 모르냐고? 그래 그래 흥분하지 마, 흥분하지 마. 너는 꼭 이럴 때 흥분하더라. 그렇다고 우리가 송창식 형처럼 그 영감이란 걸 막연하게 기다릴 수만은 없잖아? 이 대목에서 레너드 번스타인 형을 소환해보자.

> "영감이 떠오르는 것은 경이로운 경험이지만, 작가는 그 외의 시간에 영감에 접근하는 법을 개발해야 한다. 영감이 떠오르기까지는 너무 오랫동안 기다려야 하기 때문이다."

이런 거지. 어떤 작품은 그냥 삶의 편린에서 빡 하고 떠오르는 게 있지만, 대부분은 그렇지 않아. 그래서 우리는 영감에 접근하는 훈련을 해야 하는 거야. 몇 가지 방법이 있는데 살살 보따리를 풀어볼게. 그런데 나 물 한잔만 하고 하자. 손도 아프고 목도 아프다.

#scene 5

영감에 접근하는 훈련

드라마감을 찾기 위한 훈련법 5가지

1. 순간포착

순간포착을 하면 '오? 세상에 이런 일이!'가 보이는 거야. 드라마감이 보인다는 거지. 순간포착을 위한 비법은 따로 있는 게 아니야. 너를 스치는 모든 풍경과 사람과 일상을 그냥 흘려보내지 말 것! 오감은 물론 비장의 식스센스까지 늘 열어두는 훈련을 해야 함. 한 문장으로 정리하면 이런 거지.

'어느 특정 순간, 어느 인물, 어느 풍경, 어느 사건이 당신의 마음을 움직이는가?' 이건 광고쟁이 박웅현 씨의 얘기야. 일맥상통!

어려운 얘기 싫어하지만《대학》에는 이런 유명한 사자성어가 있지. 심부재언心不在焉이면 시이불견視而不見 청이불문聽而不聞! 마음이 없으면, 보아도 보이지 않고, 들어도 들리지 않는다. 뜬구름 잡는 소리 그만하라고?

이를테면 2000년대 초반 내가 입봉 즈음하여 어느 날 아무 생각 없이 신문을 봤단 말이야. 사회면에 유부녀 원조교제 사건이 떡하니 떴네.

"세상에 말세야. 이젠 유부녀마저 원조교제를 하다니."

온갖 비난으로 난리가 났었지. 우리 사회의 도덕성에 경종을 울려야 한다느니 마니 하다가 늘 그렇듯이 시간이 지나 잠잠해졌는데, 어느 날 또 아무 생각 없이 〈한겨레21〉을 봤어. 거기에 이 사건에 대한 취재 후기가 슬그머니 나온 거야. 모 기자가 이 사건을 밀착 취재했던 거였어.

세간에 알려진 유부녀 원조교제 사건의 속살을 봤더니 이 아줌마는 가정폭력에 시달리고 애도 없고 경제적으로도 어려웠어. 이 남학생 역시 결손가정의 아이여서 '꿈'이란 걸 가져볼 만한 상황이 안 됐을 거고.

취재한 기자의 느낌은 한 동네에 살던 불쌍한 두 남녀가 서로에게 연민을 느끼고 진실로 사랑했다는 거였어. 순간, 두 눈이 번쩍! 코끝이 시큰! 가슴이 싸아해지면서 나한테 그분이 오셨지.

그래 이거야! 현실에서 그 둘이 잠자리를 했는지 안 했는지는 중요하지 않았어. 나는 이 사건을 바로 단막극으로 만들자고 임선희 작가를 꼬실레이션했지. 그래서 나온 게 〈나의 아름다운 아줌마〉야.

이 작품은 프랑스 칸 TV 단막극 부문에 당당히 초청되었으면 좋았겠지만 거기까진 못 가고 대신 안정적인 시청률과 업계 선수들의 호평을 받았지.

아무튼 이렇게 열어두라는 거야. 인터넷 기사도 잘 포착하면 드라마감이 나온다는 아주 상투적인 얘기야. 기사뿐만 아니라 〈그것이 알고 싶다〉 〈인간극장〉 〈신비한TV 서프라이즈〉 같은 방송 프로그램도 드라마감의 보고야. 그리고 그냥 보는 게 아니라 계속 질문을 던져야 해.

"과연 정말 그랬을까?"와 "만약에 ○○이라면 어떻게 될까?" "세월이 흐른 뒤에 저들은 어떻게 돼 있을까?"를 달고 살 것.

노희경 작가는 광화문 촛불 집회를 나갔어. 우리 모두 다 나갔지? 그런데 거기서 노 작가는 전경 버스 뒤에서 도시락을 까먹는 청년 의경들과 전경들을 보면서 인간적인 짠함을 느낀 거야. 그래서 〈라이브〉라는 드라마를 기획하게 됐대.

나는 아직도 시위 현장에서 경찰들을 보면 짭새와 백골단이 떠올라 적의의 눈으로 보거든. 관점의 차이인 거야. 누가 조금 더 따뜻하고 인간적인 연민을 느끼는 가슴을 가졌는가. 별거 아닌 것 같아 보이지만, 별거가 아닌 엄청난 내공의 차이인 거지.

순간포착의 관건은 결국 세상 하찮아 보이는 존재들에 대한 '연민'과 그것을 응시할 줄 아는 따뜻한 가슴이 아닐까 해. 너는 그런 가슴을 가졌는가? 나는 그것도 타고나는 거라 보는데… 동의할지 안 할지는 그대의 선택이고.

하나만 더 예를 들어볼까?

우리가 늘 강변북로를 타고 다니면서 여의도 밤섬을 보잖아. 밤섬에는 예전에 사람도 살았다던데…. 너는 늘 지나치는 풍경이겠지만 이해준 감독은 이런 생각을 했을 거야.

'만약 한강대교에서 자살을 시도한 사람이 흘러흘러 저 밤섬에 닿으면 어떻게 될까?'

〈김씨표류기〉란 영화의 아이디어는 이렇게 나오지 않았을까?

봉준호 감독은 어릴 때 집이 잠실이었는데, 잠실대교를 지날 때마다 늘 네스호의 괴물을 떠올렸어. 그걸 묵히고 묵혀서 〈괴물〉이란 영화로 만든 거고. 앞에서 얘기했지? 그 어느 특정 순간, 어느 인물, 어느 풍경, 어느 사건이 네 맘을 움직이는가?

엄… 간만에 내가 폼 잡고 멋있는 말 했는데 어째 너의 태도는 약간 불량스럽다? 뭐 말이 쉽다고? 투덜투덜? 아이고, 알았다, 알았어. 그럼 조금 더 난이도 낮은 걸로 알려줄게.

2. XY놀이

이건 할리우드 형들이 잘하는 놀이인데, 요게 은근 중독성이 있고 재밌어. XY놀이에도 두 가지 방법이 있는데, 하나는 X의 Y버전. 또 하나는 X가 Y를 만날 때야.

X와 Y에는 장르가 들어가든 구체적인 드라마나 영화 제목이 들어가든, 시공간이 들어가든 혹은 남녀가 들어가든 막 집어넣어봐. 그냥 막 막 배 째라 정신으로 말이지. 처음에 쓸 때 자기 검열이 너무 많으면 아무것도 못 해.

〈이상한 변호사 우영우〉는 〈굿닥터〉(X)의 법정물(Y) 버전. 〈스토브리그〉는 〈머니볼〉의 KBO 프로야구 버전. 〈슬기로운 의사생활〉은 〈슬기로운 감방생활〉의 메디컬 버전. 〈갯마을 차차차〉는 영화 〈홍반장〉의 현대 버전. 〈미스티〉는 〈하얀거탑〉의 여자 버전. 〈킬미 힐미〉는 〈지킬앤하이드〉의 로코 버전. 〈키스 먼저 할까요〉는 〈8월의 크리스마스〉의 중년 버전.

좀비물(X)이 사극(Y)을 만나면 〈킹덤〉. 로코물이 스릴러를 만나면 〈동백꽃 필 무렵〉. 〈해를 품은 달〉은 사극이 멜로와 조우한 거고 〈엄마는 외계인〉이 멜로를 만나면 〈별에서 온 그대〉가 되는 거지. 〈건축학 개론〉이 드라마〈아내의 자격〉을 만나면 〈화양연화〉.

〈로미오와 줄리엣〉이 휴전선을 만나면 〈사랑의 불시착〉. 외국인 노동자를 다룬 다큐 〈인간극장〉이 로코를 만나면 〈발로바시 영희〉. 응응, 이런 거야.

그런데 다 알겠고 그럴싸한데 〈발로바시 영희〉는 잘 모르겠다고? 아이고야, 이 작품을 모르다니. 내가 연출한 단막극이야. 칸 TV 단막극 부문 수상작으로 레드 카펫 밟기를 간절히 소망했으나 이 역시 장렬히 좌절된 작품이지. 하하하하하…. 내가 너한테나 잘난 척하지 어디서 잘난 척하겠니… 좀 봐주라….

3. VS놀이

요것은 브이에스라 읽지 말고 혀를 유창하게 굴려서 버얼~써스versus라 발음할 것. 대결구도라는 거지. 정말 아무것도 안 떠오를 때 미친 척하고 캐릭터부터 대결구도를 만들어보는 것도 방법이야. 두 인물을 최대한 멀리 떨어뜨려놓고 시작해.

〈내조의 여왕〉은 김남주 VS 이혜영 구도였잖아. 이 둘의 과거는 잘나가던 인싸 김남주 VS 얼굴도 안 예쁘고 아싸였던 이혜영이었어. 현재는 임원 사모님 이혜영 VS 직원 와이프 김남주. 요렇게 바뀌었지.

센스 있는 사람들은 눈치챘겠지만 드라마 구성에서 이렇게 상황의 역전 같은 아이러니가 담기면 훨씬 좋아져. 영화 〈신라의 달밤〉 〈이장과 군수〉도 이와 비슷한 맥락이야.

대결구도가 정극이나 장르물로 가면 〈공공의 적〉이나 외화 〈히트〉, 드라마 〈쓰리 데이즈〉가 되지. 이 별거 아닌 것처럼 보이는 놀이가 칸에서 봉준호 감독에게 황금종려상의 영예를 안겼어. 〈기생충〉도 같은 구도. 자본주의의 가장 밑바닥 가정 VS 최상류층 가정. 봉 감독님도 여기서 시작하지 않았을까? 두 가정을 최대한 멀리 떨어뜨려놓는 것부터.

4. 공간놀이

영감을 떠올릴 때 공간에서 미친 척하고 시작해보는 거야. 이것도 두 가지 방법이 있는데 하나는 새로운 직업군이나 새로운 공간을 찾는 거야 .

〈닥터탐정〉이란 드라마는 산업보건의가 주인공이야. 노동자들의 직업병이나 산업재해를 진단 내리는 의사 아닌 의사. 그래서 제목이 〈닥터탐정〉이야. 〈발리에서 생긴 일〉을 패션 쪽으로 갖고 오면 〈패션왕〉이 되는 거고.

JTBC에서 공전의 히트를 친 〈SKY 캐슬〉도 공간에서 시작했다고 볼 수 있지. 그런데 이런 콘셉트는 공간을 정확하게 표현하기 위해 실제 밀착 취재를 해야 하니 지금 너로서는 좀 부담이 될 수 있어. 나중에 네가 행여나 억대 연봉 작가가 되면 생각해봐. 그렇게 되면 나도 좀 챙겨줘야 한다. 알았지? (미리 고맙다.)

두 번째 공간놀이는 '물에서 벗어난 물고기'놀이야. 앞서 내가 추천한 책의 작가인 블레이크 스나이더 형이 얘기한 거야. 《SAVE THE CAT!: 흥행하는 시나리오의 8가지 법칙》을 보면 자세히 나와. 근데 이 형 폐색전증으로 돌아가셨네. 읽기 전에 간단한 추모 묵념 드릴 것.

'물에서 벗어난 물고기'에는 천덕꾸러기 취급을 받던 미운 오리가 이질적인 공간에 툭 떨어지면서 백조로 환생한다는 콘셉트가 있지. 안판석 연출, 정성주 극본의 〈풍문으로 들었소〉 기억나지?

참, 정성주 작가님은 가객 김현식의 〈어둠 그 별빛〉이란 노래의 작사가이기도 해. 이 노래도 알코올에 젖어서 들으면 가슴을 후벼 판다. 절절해. 나중에 들어보도록.

〈풍문으로 들었소〉에서는 명문 법률가 집안에 아랫동네 고아성이 임신한 채 툭 떨어진 거야. 이 아이의 인간적이고 상식적인 세계관이 명문 법률가 집안을 바꾼다는 이야기.

〈스토브리그〉 역시 갑툭튀 캐릭터인 남궁민이 프로야구 꼴찌 팀에 부임하면서 구단을 변화시킨다는 이야기.

〈동백꽃 필 무렵〉은 평온한 옹산이라는 시골에 동백이가 툭 나타나면서 마을 사람들을 변화시킨다는 이야기.

〈빈센조〉는 세운상가에 이탈리아 마피아 출신 변호사가 툭 나타나면서 악당의 방식으로 악을 쓸어버리는 이야기.

〈갯마을 차차차〉는 차도녀 치과 의사가 어촌 마을에 강제 귀향하면서 골 때리는 캐릭터 홍반장을 만나면서 벌어지는 이야기.

〈파리의 연인〉에서도 윗동네 박신양이 아랫동네 김정은 집을 찾아가서 벌어지는 내용이 한 회의 중요 에피소드로 쓰였지. 마찬가지 콘셉트인 거야.

외람되지만… 정말 외람되지만 권기영 작가가 집필하고 내가 연출한 〈보스를 지켜라〉도 아랫동네 88만 원 세대 최강희와 윗동네 찌질하고 소심한 보스 지성이 계급장 떼고 한 공간에서 부딪히는 드라마였어. 감이 오지?

엄… 근데 살짝 섭섭하네. 내가 이렇게 어렵사리 〈보스를 지켜라〉 예를 들었는데… . "어머 그거 너무 재미있었어요. 연출도 죽였어요." 뭐 이런 리액션 좀 해줘야 하는 거 아님?

인생은 리액션이다!

이건 내가 지은 명언이야. 리액션만 잘해도 인생 성공한다. 리액션 잘하는 사람은 '공감' 능력이 뛰어난 사람이거든. 뭐? '아부'가 뛰어난 거 아니냐고? 흥!

5. 고전놀이

여기서 고전은 클래식 작품들을 말해. 음악은 아닌 것 알지? 고전 소설, 옛날 영화 등등에서 따오기. 2006년 대인기를 끈 홍자매의 〈환상의 커플〉은 1987년 할리우드 영화 〈오버보드 OVERBOARD〉가 원작이야. 판권을 산 거지. 돈 든다고? 돈 안 드는 방법도 있어.

1996년도에 욘사마가 나왔던 K본부 주말드라마 〈젊은이의 양지〉는 할리우드의 1951년도 영화 〈젊은이의 양지〉에서 모티브와 인물 구도를 따왔지. 영화는 소설 《아메리카의 비극》이 원작이고. 이 작품은 그 당시 시청률 50퍼센트에 육박했어. 조소혜 작가님이 쓰셨는데, 작가님은 2006년 간암으로 그만 돌아가셨어. 투병의 와중에도 본인의 암덩어리보다 당시 집필 중이던 드라마 시청률 안 나오는 게 더 큰 스트레스였다고 하셔서 맘이 아팠지.

영화 〈프리퀀시〉는 모든 타임워프 드라마의 원조라고 봐야지. 김은희 작가님이 〈시그널〉 기획할 때 내가 슬며시 히가시노 게이고의 판타지 소설 《나미야 잡화점의 기적》을 선물했던 기억도 나네. 이것 말고도 〈에덴의 동쪽〉이란 M본부 드라마, 〈카인과 아벨〉이라는 스브스 드라마는 다 동명의 소설에서 모티브를 따왔다고 볼 수 있지.

이때 주의할 점은 앞에서 얘기했지만 서사가 강한 고전을 훑으라는 거야. 지나치게 관념적이고 철학적인 책 말고. 고전이라고 다 드라마화되는 게 아니거든.

소설《몽테크리스토 백작》은 복수극의 전형. 복수 콘셉트가 들어가는 드라마를 쓰겠다면 무조건 봐야 돼. 읽을수록 새롭다. 밀란 쿤데라의《참을 수 없는 존재의 가벼움》, 톨스토이《안나 카레니나》등은 사각 멜로의 모범적인 작품이야.

《햄릿》기억나? 거기 보면 햄릿이 삼촌 앞에서 연극을 하면서 아버지를 죽인 범인을 밝히잖아. 그거 드라마에서 정말 많이 써먹은 에피소드야. 이젠 너무 식상하긴 하지만. 이런 거 많이 봤지? 위기에 몰린 주인공이 있어. 주주총회가 열려. 대주주들이 다 모여 있을 때 주인공이 마지막에 포효하지. 준비된 영상을 틀면서. "나는 저 새끼가 나쁜 놈이라는 결정적 증거가 있습니다!" 하면서. 왜 맨날 주주총회인지 좀 의아하긴 하다만.

표절 아니냐고? 아니지. 이런 건 잘 훔쳤다고 하는 거야. 고수와 하수의 차이는 이런 거야. 잘못 갖고 오면 표절이라 욕 덤터기 먹는 거고, 어디서 본 듯하긴 한데 극에 잘 녹아 있으면 아무도 시비 안 걸어.

물론 금산빌딩에서 너처럼 드라마 작가 수업 듣는 질투의 화신들은 블라블라 하겠지만, 옛말에도 남의 흉은 3일! 클리셰는 공공재야. 맘껏 갖다가 쓰되 어떡하라고? 살짝 비틀라고.

플롯도 마찬가지야. 맘껏 갖다 써. 죄책감은 0.1퍼센트도 느낄 필요 없어.

#scene 6

번개같이 스쳐가는 한 문장, 한 컷

기획의 단초를 잡기 위한
영감을 떠올리는 법

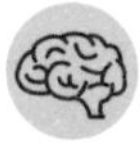

영감을 얻기 위한 마지막 스페셜 보너스 버전. 시詩나 스틸 이미지 한 컷에서도 기획의 단초를 잡아볼까? 번개같이 스쳐가는 한 문장, 한 컷을 바라보면서 드라마의 구성을 떠올려보는 연습을 해야 해. 먼저 시 한 편 읽어보자. 정호승 시인의 〈미안하다〉라는 시야.

이 시의 내용은 산 넘고 길을 지나 그 끝에서 연인을 만나. 연인은 얼굴을 묻고 울고 있었지. 그 모습을 본 화자는 이렇게 이야기해. "미안하다 너를 사랑해서 미안하다"라고. 얼마나 지독한 사랑이길래. 이 사랑의 장애는 얼마나 크고 두렵기에 "미안하다 너를 사랑해서 미안하다"라는 절창 시구가 나오는 걸까. 이경희 작가는 이 시를 읽으면서 〈미안하다, 사랑한다〉의 단초를 떠올리지 않았을까. 물론 이건 내 생각이고 애써 이경희 작가님한테 물어볼 필요는 없다. 아님 말고.

시 한 편 더 살펴볼까? 문정희의 〈한계령을 위한 연가〉. 시는 잊지 못할 연인과 폭설로 한계령에 갇히고 싶다는 내용이야. 비발디 〈사계〉 중 겨울 1악장을 같이 들으면서 읽으면 찌릿찌릿해지는 시야. 그런데 시구 중에 이런 내용이 있어. "난생처음 짧은 축복에 몸 둘 바를 모르리." 내용으로 유추해보면 이 시의 연인들은 왠지 '금기된 관계의 사랑'을 하고 있는 거 같지 않니? 흔히 '내로남불'이란 단어로 욕 얻어먹는 불륜과 치정도 관점을 달리해서 여기까지 밀어붙이면 예술이 되는 거야. 작가는 관점이 달라야 해. 그래야 예술이 되는 거고.

《아홉살 인생》을 쓴 동화 작가 위기철 형은 동화 창작 특강에서 이렇게 얘기했어.

> '무엇'을 기준으로 보면 하늘 아래 더 이상 새로운 이야기는 없지만, '어떻게'를 기준으로 보면 만 사람이 만 가지 이야기를 써도 다 새로운 이야기인 셈입니다.
>
> _위기철 《이야기가 노는 법》 중에서

막 큰 위로가 되지 않니? 새로운 이야기의 포인트는 'WHAT'의 관점이 아니라 'HOW'의 관점에 있다는 거야.

자, 이번엔 사진 한 장을 머릿속으로 떠올려볼까. 노포老鋪 앞에 놓여 있는 빈 의자. 저 빈 의자를 보면 너는 무슨 생각이 떠오르니?

저기는 누가 앉았던 걸까. 노포의 주인? 실연당한 청년? 한때는 빛나던 시절이 있었을 여인일지도 모르지. 세월은 얼마나 흐른 걸까? 저 적막함과 적요함. 이런 이미지에서도 드라마의 단초를 잡을 수 있기를….

자! 이제 그대가 처음 쓸 대본의 콘셉트를 잡고, 이와 비슷한 레퍼런스 드라마나 영화 열 편 보기!

#scene 7

뭔가 빡! 떠오르게 하고 싶을 때

영감이 떠오르는
나만의 방법 만들기

참고로 뭔가 빡 하고 생각이 잘 떠오르는 공간이 있대.

1. 잠들기 직전 침실

잠들기 전에 늘 머리맡에 메모지를 놓을 것. 이런저런 생각을 하다 보면 갑자기 생각이 빡! 떠오르기도 해. 아, 꿈꾸다가 해결책이 떠오르는 경우도 있거든. 그런 경험 없었어? 분명 스펙터클한 꿈인데, 깨고 나서 바로는 생각이 나는데, 물 한잔 마시러 나오면 사라져버리는 경우 말이야. 이럴 땐 눈뜨자마자 머릿속의 생각을 메모지에 적어놓는 것이 좋아. 눈이 안 떠지면 걍 눈 감은 채로 적어. 너만 알아보면 되지 뭐.

2. 화장실에서 볼일 볼 때

로뎅의 〈생각하는 사람〉 포즈로 앉아 있다 보면 없던 생각도 떠오르지. 큰 것 하나 떨군 후 후련해진 마음이 되면 뭔가 생각이 탁 하고 떠오를 거야. 다만 너무 오랫동안 앉아 있으면 엉덩이에 불이 날 수 있으니 주의 요망.

3. 욕탕에서 몸 담글 때

요즘은 대부분 집에 욕조 대신 샤워 부스가 있어서 이 방법을 시험해보려면 공중목욕탕을 가거나 찜질방 사우나에 가야 하지 않을까 싶은데… 뭐라고? 호텔? 모텔? 저쿠지가 좋다고? 엄… 성인이라면 뭐 그럴 수도 있겠지만. 지금 네가 원하는 게 좋은 아이디어를 떠올리려고 하는 거 아님? 아이디어 안 떠오른다는 핑계로 놀라는 얘기가 아니라고.

이것도 아니면? 음… 내가 아는 어떤 작가는 생각이 막힐 때 버스 타고 종점까지 왔다 갔다 하면서 차창 밖을 바라본대. 그러다 좋은 생각이 떠오른 경험이 있어서 그게 일종의 '의식'이 된 거지. 유식한 말로 ritual. 이건 김정운 교수의 명명이야.

나는 어떠냐고? 나는 그냥 걸어. 한 시간 정도 혼자서 걷다 보면 머리가 좀 명료해져. 잡생각 가지도 치게 되고. 그래서 걷는 게 혼자만의 '의식'이 됐지. 너도 너만의 아이디어 떠오르는 '의식'을 빨리 만들 것.

음악 크게 틀어놓고 물구나무서는 사람도 있대나 뭐래나. 참, 산에 가는 사람도 있는데, 난 반댈세! 산은 생각이 있다가도 없어져. 헤어진 애인을 잊기 위해서야 아주 좋은 방법이지만 드라마 착상을 하려고 하면 그나마 있던 생각도 없어질걸? 힘들어서. 부상의 위험도 있고.

이런 말이 있지? 생각을 증폭시키려면 산책을 하고, 생각을 지워버리려면 등산을 하라고. 숙제가 하나 더 늘었네. 영감이 떠오르는 너만의 '의식' 만들기! 참, 글 쓰는 중간중간 스트레칭을 꼭 할 것. 안 그러면 어깨와 손목이 자주 아플 거야. 뭐? 너는 젊어서 아직 괜찮다고? 그래, 젊어서 좋.겠.다. 너는 안 늙을 것 같지? 흥!

2장

중간

#scene 8

인생을 한 줄로 요약한다면

드라마의 로그라인 잡기

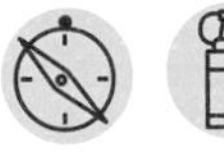

자, 이제 드라마 대본을 쓰기 위한 첫 걸음마를 떼어보자. 가장 먼저 해야 할 일이 로그라인 잡는 거야. 로그라인은 쉽게 얘기하면 한 줄로 쓰는 줄거리야. 혹은 "당신의 드라마를 한 줄로 설명해보세요"라는 질문에 대한 답이야. 그렇다고 노놉! 착각하지 말 것. 한 문장이 아니야. 한 줄이야 한 줄. 두 문장도 가능하다는 거지. 훅hook이 있으면 사실은 세 문장도 가능해.

해마다 방송국에서 극본 공모를 하잖아. 네가 볼 땐 심사위원들이 "아, 여러분이 피땀 흘려 쓴 대본이니 정성껏 촘촘히 읽고 평가해야지" 할 것 같지? 솔직히 고백하면 반은 맞고 반은 틀려. 사람이란 존재가 늘 불완전하거든. 나도 몇 번 심사를 해봤지만, 처음엔 "꼼꼼히 봐서 행여나 잘 쓴 대본이 누락되지 않게 해야지. 여기서 대작가가 나올 수도 있어" 하다가도 엔딩은 늘 "아, 재미없어! 재미없어! 근데 심사비는 왜 이렇게 적은거야. 젠장!"으로 끝나거든.

모든 게 먹고사는 것과 결부되면 일정 정도 피곤함이 배어나기 마련이지. 그리고 요령이 생겨. 심사에 시간적 제한도 있고.

보통 여러분이 제목을 쓰고 기획 의도나 작의(작가의 의도)라는 걸 쓰잖아. 근데 심사위원은 그거 잘 안 봐. 왜? 작의나 기획 의도가 훌륭한 것과 대본의 완성도는 아주 별개의 문제더라고.

심사위원들이 제일 먼저 보는 건 '뭔 얘기야? 이 드라마의 훅이 뭐지?' 이거야. 그렇지! 로그라인을 제일 먼저 본다는 얘기지. 그래서 로그라인이 가장 중요하고, 이런 생각을 하는 심사위원들을 유혹할 수 있어야 해.

그래서 내 수업 때는 과감히 주제나 기획 의도 이런 거 쓰지 말라고 해. 재미도 없거니와 주제나 기획 의도를 먼저 작성하면 대본을 쓰면서 자꾸 거기에 집착한다. 그럼 어떤 현상이 나오냐면, 주제를 자꾸 등장인물의 입을 빌려서 직설법으로 얘기하게 되지.

시청자들이 제일 싫어하는 게 뭔지 알아? "어, 얘네들이 나한테 훈장질을 하네. 계몽질을 하네" 이거야. 채널 바로 돌아간다.

최우선으로 생각할 건 이야기야. 재밌는 이야기. 감동적인 이야기. 슬픈 이야기. 그래서 희로애락 오욕칠정의 롤러코스터를 타는 대본. 대본을 쓰다가 막히면 주제를 생각할 게 아니라 로그라인을 나침반 삼아야 하는 거야.

이야기가 재미있으면 주제 의식은 아주 자연스럽게 스며드는 법! 연애할 때 생각해봐. 만날 때마다 "너 나 사랑해? 너 나 사랑해?" 묻는 애들 피곤하지 않니? 그냥 아무 말 없이 꿀 발린 눈으로 나를 바라보다 내 어깨에 붙은 머리카락을 다정하게 집어주는 그런 연인이 더 멋있지 않니? 감정에 집착하는 순간 연애는 금이 가게 되어 있어.

엄… 갑자기 연애학 개론으로 흘렀네. 근데 드라마 쓰는 게 연애하는 거랑 비슷한 게 많아. 오늘은 일단 이거 하나만. 절대 감정을 강요하지 말 것!

제목 | 힙합꼰대
로그라인 | 불통의 아이콘 꼰대 아저씨가 딸로 인해 힙합을 접하게 되면서 랩으로 세상과 소통하는 이야기

뭔 얘기인진 알겠는데… 살짝 허전하지? 요렇게 한번 바꿔

볼까?

→ 불통의 아이콘 꼰대 아빠. 수렁에 빠진 힙합 마니아 딸을 구해라! 마지막 남은 방법은 하나. 공연장에 힙합 가수로 잠입하는 것!

조금 더 낫지? 인물들 앞에 수식어가 붙었고, 꼰대 아빠 VS 문제적 딸 같은 갈등구도도 보이고. 그리고 무엇보다 중요한 건 마지막 문장이야. 주인공의 목표와 액션의 방향이 보이지? 이것이 메인 긴장이 될 것임. 메인 긴장은 구체적이고 집요할수록 좋아.

로그라인은 고치고 또 고쳐야 해! 막연하게 뭐뭐 하는 이야기라고 써놓으면 대본 쓸 때도 금방 막연해져. 구체적으로 훅을 걸어야지 거기에 자꾸 몰입하게 되고, 주인공의 욕망과 액션이 보이는 거야.

제목 | 13번지 고스트 하우스
로그라인 | 각자의 절박한 이유로 흉가를 찾아온 두 남녀의 흉가 쟁탈 로맨스 (풀하우스의 공포 버전).

아, 이것도 뭔 얘기인지는 알겠는데 에지라든가 훅 같은 게 모호하지? 이렇게 한번 바꿔볼까?

→ 돈이 절박한 취업 백수남. '흉가 만들기' 아르바이트를 하는데 귀신인가, 사람인가? 웬 여자가 주인 행세를 한다. 절박한 두 남녀의 흉가 쟁탈 로맨스!

조금 더 낫지? 궁금증도 생기게 하고. '흉가 만들기' 아르바이트의 내막도 좀 궁금하고, 주인 행세하는 여자랑 세게 부딪힐 것 같고 말이지. 둘이 처절하게 치고받고 싸우다 서로의 상처를 알게 되고, 로맨스가 싹틀 무렵 중간점 지나면 다가오는 위험이 있을 거고. 둘의 내분이 생기다 그중 한 명이 큰 위기에 빠질 거고. 그 이후는 블라블라… 뭐 대강 이런 이야기가 될 거 같지? 다음을 볼까?

제목 | 킬 복자. 장가계의 암살자
로그라인 | 피도 눈물도 없는 살인청부업자 장민이 패키지여행을 통해 정을 알고, 가족을 알고, 사랑을 알게 되면서 차곡차곡 마음을 쌓아가는 이야기.

마찬가지로 뭐뭐 하는 이야기로 써놓으면 재미없어. 바꿔볼까?

→ 은퇴를 앞둔 살인청부업자 장민, 마지막 의뢰를 받는다. 장가계 패키지여행 중 노부부를 제거하라! 그런데 왜 자꾸 심장이 물컹대지? 이런 적 처음이야.

로그라인을 바꾸니 메인 긴장도 구체적으로 보이고, 거기에 따른 주인공의 액션 방향도 보여. 무엇보다 주인공의 내면적 갈등도 있어. 휴먼 코미디 정도의 톤앤매너가 되지 않을까?

제목 | 아빠가 필요해
로그라인 | 아빠가 필요한 초등학생이 무명 연극배우인 가짜 아빠를 만나 성장하는 이야기.

요거는 이렇게 바꿔보자.

→ '가족 대행 서비스'의 에이스이자 무명 연극배우 강대구. 아빠가 간절히 필요한 조숙한 초딩 송결. 둘이 만드는 단짠단짠 가족의 탄생기! 그런데 결의 엄마는 이 사실을 모르고 있다.

마지막 문장 '그런데 결의 엄마는 이 사실을 모르고 있다'를 인문학 용어로 '극적 아이러니'라고 하지. 등장인물의 무지와 관객의 인지 사이에 성립하는 극적 긴장. 쉽게 얘기하면 '출생의 비밀' 같은 거야. 관객들은 알고 있는데 인물 중에 한 명은 모르는 설정.

영화 〈8월의 크리스마스〉에서 한석규가 불치병을 앓고 있다는 걸 관객도 알고 그의 주변 인물도 다 아는데 오직 심은하만 모르잖아. 이런 아이러니 설정은 관객으로 하여금 우위에 서게 해줌으로써 정서적으로 참여시킬 수 있다는 장점이 있지.

자, 정리를 해볼까? 좋은 로그라인이란 하나, 인물들에게 간단한 수식어가 있어야 하고 둘, 그래서 부딪침, 즉 갈등이 보여야 하고 셋, 주인공의 목표를 설정해야 하고 넷, 상황의 아이러니나 극적 아이러니가 있으면 금상첨화.

여기에 하나 더! 너한테만 꿀팁을 알려줄게. 그런데, 그러나, 혹은 뭐뭐 하는데, 뭐뭐 하지만 같은 접속사를 잘 활용해봐. 이 접속사에 훅이 확 걸리면서 메인 긴장이나 극적 아이러니가 설정된다. 앞의 수정된 로그라인들을 다시 한번 봐봐. 다 들어가 있지?

자, 이제 너는 콘셉트도 생각했고, 레퍼런스도 열 편 봤고, 오늘 근사한 로그라인 쓰는 법을 배웠으니까 숙제! 다음 이 시간까지 로그라인 세 개 이상 써오기. 뭐 말이 쉽지 그게 바로 되냐고? 내가 피를 토하며 영감에 접근하는 법 블라블라 해줬잖아! 파이팅!!!

#scene 9

누구나 사랑하는, 매력적인 인생캐

사람들에게 각인되는
캐릭터의 특징 만들기

로그라인 작성하는 법도 알았고, 이제 슬슬 막 대본을 쓰고 싶지? 뭔가가 막 나올 거 같지? 아주 바람직한 현상이야. 하지만 조금만 더 참아주면 안 될까? 내가 옛날에 그랬다니까! 뭔가 필이 온다고 막 썼다가 급좌절. 조금 썼다가 또 급좌절. 대본이 막히면 어디다 하소연할 데도 없다. 그저 밤하늘에 대고 혼자 주절주절거리는 셀프 토킹 증상만 늘어나지.

"오 주여! 저를 버리시나이까…."

조급하게 생각하지 말자. 너의 급우들이 네 대본을 보면서 쌍욕을 퍼붓는 최악의 사태는 막아야 하지 않겠니? 혹은 몇 장 넘기다가 바로 프린트 이면지 통으로 처박히는 모욕만은 피해야 되지 않겠니? 최소한의 완성도는 만들어내야지. 그게 귀중한 시간 쪼개서 네 대본을 읽어주는 사람들에 대한 인간적인 예의야. 또 기 죽인다고? 어어, 너 또 흥분하려고 그런다. 워워… 심호흡 열 번!

드라마를 구축하는 두 가지 축은 캐릭터와 플롯이야. 최소한 이 두 가지에 대해서는 치열한 고민을 해보고 집필하기를 강추한다! 이게 바로 로그라인을 증폭시키는 방법이야.

먼저 등장인물, 캐릭터에 대해 이야기하마.

캐릭터는 어떻게 하면 멋지게 뽑아낼 수 있을까? 어떻게 해야 관객이 주인공에 감정이입해서 그들을 업고 갈 수 있을까? 어떻게 해야 '매력적인 결함'을 가진 캐릭터가 나올 수 있을까?

후진 대본은 몇 장 넘기다 보면 "도대체 얘는 왜 이러는 거야? 왜!!! 뻬!!!" 이러면서 화를 내게 되지. 반면 최소한의 완성도를 갖춘 대본은 그래도 '아, 인물이 이럴 수밖에 없겠구나' 하면서 자연스레 인물에 감정이입을 하게 만들어주거든.

업계 용어로 풀어볼까? 드라마는 '관객의 불신감'(이게 말이 돼? 주인공이 꼭 이럴 필요가 있나? 같은 생각)을 제거하는 과정이자 인물에 '감정이입'(아, 주인공은 이럴 수밖에 없겠구나. 어떡하지? 어떡해야 될까?)을 하는 과정이다.

작가는 적어도 대본을 쓸 때만큼은 '임산부'의 마음과 비슷해져. 네 배 속에 있는 아이에게 끊임없이 말을 걸어주고, 아이(캐릭터)가 원하는 게 뭔지 싫어하는 게 뭔지 어루만져줘야 하는 거야. 그 아이가 주인공이든 악역이든 조연이든 심지어 한 신밖에 안 나오는 단역일지라도.

그렇게 '태아'를 돌보는 마음으로…. 뭐? 아직 솔로인데 임산부란 표현이 좀 걸려? 음… 그럼 '창조주'의 마음으로…. 이건 너무 거창한가? 음… 그럼 '화초'를 키우는 마음으로…. 이 표현은 맘에 드나? 암튼 이런 '임산부' '창조주' '화초'를 키우는 설레는 마음으로 캐릭터를 만들어내야 해. 그래야 인물이 실감이 나. 그래야 관객이 자연스레 응원하고 감정이입을 하게 돼.

배유미 작가가 쓴 〈키스 먼저 할까요?〉를 만들 때였는데, 4부까지 대본이 잘 나온 거야. 그래서 나는 우리 집 두 번째 가훈 '인생은 리액션이다'에 또 충실했지. 잘한다 잘한다 우쭈쭈를 하고 있었는데, 작가가 툭 내뱉는 거야.

"아직 무한이를 잘 모르겠어요…."

무한이. 우리 드라마 남주. 순간 눈앞이 캄캄해졌어. 아니

4부까지 써놓고도… 이렇게 잘 써놓고도 주인공을 모르겠다니, 막걸리야 방구야!

품성 좋은 배 작가는 솔직했던 거지. 목에 힘 한번 줘도 될 텐데, 그녀에게 무한이의 내면의 목소리가 아직 안 들렸던 거야. 작가의 마음속에 무한이가 아직 훅 치고 들어오지 않았던 거지. 앞부분은 코믹 플레이가 많았거든. 그런데 정작 중요한 감정 신에서 무한이가 작가에게 말을 걸어오는 단계는 아니었던 거야. 시간이 좀 더 필요했던 거지.

작가들마다 다 스타일이 다르겠지만, 어느 순간 캐릭터가 말을 걸어오는 마법의 순간이 있어. 작가들은 그 순간을 애타게 기다리는 거지. 현장 용어로 '작두 탔네 작두 탔어!'라고 해. 그러나 그 순간이 오기 전까진 작가 혼자서 오롯이 임산부, 아니 창조주의 고통을 느껴야 하는 게 이 직업의 숙명이야.

나는 캐릭터 창조하는 작업을 '가지 뻗기 놀이'라고 말하곤 해. 자, 또 한바탕 놀아볼까?

제일 먼저 '전형'을 만들어봐. 어렵다고? 쉽게 생각해. 취준생, 의사, 보스, 재벌 3세, 강력반 형사, 신데렐라, 캔디, 소시민, 사채업자 등등. 막연하게 그림이 떠오르지? 영화나 드라마에서 많이 봐왔던 이미지들 말이야. 그런데 이걸 그대로 갖다 쓰면 어떻게 된다고?

"네 대본은 캐릭터가 너무 상투적이야."

십중팔구 이런 소리를 듣지. 인문학 용어로 '정형화', 영어로 '스테레오타입stereotype'되었다고 하는 거야.

좀 더 잘난 척해볼까? Character의 어원은 고대 그리스어 kharakter에서 왔는데, 이 단어의 뜻은 '각인된 특징'이래. 내가 드라마에서 제일 보기 싫은 거. 사채업자들 양복 입고 나와서 조폭 대사 뱉는 거. 차라리 꽃미남 사채업자를 만들든가 유머 감각 있는 사채업자를 만드는 게 훨씬 입체감 있고 생동감 있지. 결국 캐릭터는 이 '상투화'와 '정형화'를 탈피하는 싸움이야. '각인된 특징'을 만드는 싸움이고.

자, 전형에서 이제 가지뻗기를 해야 해. 여기서부터 인물한테 생동감이 생기기 시작하는 거야. 성격을 부여하는 거지. 유식한 말로 '인물의 내면적인 특징'을 주는 거야.

> 까칠하다 / 찌질하다 / 대범하다 / 예민하다 / 소심하다 / 정의롭다 / 내숭 떤다 / 호기심이 많다 / 이기적이다 / 순진하다 / 짜증이 많다 / 화통하다 / 잔인하다

등등 이런 것부터 시작해서

분노조절장애가 있다 / 결정장애가 있다 / 주위 눈치를 안 본다 / 결벽증이 있다 / 어딜 가든 나댄다 / 거절장애가 있다 / 완벽주의자다 / 허영끼 가득하다

등등까지 막 믹스해도 되지.

이렇게 전형적인 캐릭터에 성격을 불어넣으면 조금 사람 같아 보여. 그래도 뭔가 허전하지? 그럼 또 가지를 쳐볼까? 이번엔 개성을 주는 거야. 보너스인 거지. 개성은 정말 그 사람만이 갖고 있는 특징이야. 이를테면

흥분하면 말을 더듬는다 / 술만 먹으면 필름이 끊긴다 / 한쪽 다리를 전다 / 귀에 피어싱을 했다 / 어떤 징크스가 있다 / 걸음걸이가 특이하다 / 음악 취향 / 음식 취향

등등 이런 거지. 훨씬 낫지?

#scene 10

인간은 누구나 흑역사가 있다

캐릭터의 매력적인 결함이 생기는 지점

여기까진 주연 조연 단역에 다 해당하는 얘기이고, 그래도 주인공들한텐 뭔가 더 줘야겠지? 그래도 주인공인데 그치? 여기서 주인공은 적대자를 포함한 주요 인물을 말하는 거야.

이번엔 주인공만의 '비밀' 혹은 '트라우마'를 생각해봐. 이게 바로 캐릭터의 '매력적인 결함'이 생기는 지점이야.

〈별에서 온 그대〉의 주인공 김수현은 외계인이라는 비밀이 있었지. 몇백 년을 외롭게 살았다는 '트라우마'를 간직한 채. 조금 있으면 자기 별로 돌아가야 한다는 '비밀'과 '타임 프레임'설정이 있었고.

〈미스터 션샤인〉의 이병헌은 조국에 버림받았다는 트라우마가 있었고.

〈동백꽃 필 무렵〉의 공효진에게도 어린 시절 엄마한테 버림받고 성인이 돼서는 첫사랑에게 버림받았다는 트라우마가 있었지.

〈스토브리그〉의 남궁민은 애를 잃은 아픈 과거와 함께 본인의 잘못으로 동생이 큰 부상을 당해 야구를 그만두고 휠체어를 타게 된 트라우마가 있었지.

〈SKY 캐슬〉의 주인공 우아한 한서진(염정아). 그녀의 본명은 과거의 어두웠던 시절 '아갈머리' 대사를 남발하던 '곽미향'이었다는 비밀이 있었어.

좀 더 살펴볼까?

〈천원짜리 변호사〉의 천변에게는 과거 검사 시절, 본인의 수사로 인해 아버지와 약혼녀를 잃었다는 트라우마가 있었고, 〈악의 마음을 읽는 자들〉의 김남길에겐 냉혈한이지만 인간의 마음 속을 섬세하게 들여다볼 수 있는 비밀이 있었어.

〈키스 먼저 할까요?〉의 감우성을 볼까? 그는 지금 암으로 죽어가고 있어. 그런데 아무한테도 말 못 해. 아내가 바람 펴서 이혼한 트라우마가 있고 딸과도 소통이 안 돼. 과거에 광고를 너무 잘 만들었는데, 그로 인해 김선아의 아이가 죽었다는 비밀과 트라우마도 있어.

〈보스를 지켜라〉의 지성은 공황장애를 앓고 있다는 비밀과 과거에 자기로 인해 형이 죽었다는 트라우마가 있었지.

〈내 연애의 모든 것〉에서 신하균은 보수 야당 대표의 혼외 아들이라는 출생의 비밀이 있고, 아버지한테 버림받았다는 트라우마가 있고, 그리고 진보당 대표를 사랑하게 된다는 비밀이 있어.

〈아메리칸 뷰티〉의 케빈 스페이시에게는 자기 딸의 친구를 사랑한다는 어마어마한 비밀이 있었고.

다 알겠는데 〈내 연애의 모든 것〉은 잘 모르겠지? 이것도 내가 연출한 작품이야. 내게는 아픈 손가락 같은 작품이지. 이 작품만 생각하면 아직도 가슴 한구석이 물컹물컹해져.

여하간 가지치기놀이를 하면서도 기본적으로 생각해야 할 거! 인간은 누구에게나 흑역사가 있다. 그리고 인간은 누구나 다 불온하고 불완전한 존재다. 세상에 완벽한 인간이 어딨니? 그리고 그런 인간은 재미없어. 그래서 자꾸 캐릭터의 '매력적 결함'을 얘기하는 거야.

김수영 시인 알지? 너는 김수영을 〈풀〉 〈폭포〉 〈시인이여 기침을 하자〉 같은 명시를 쓴 시인, 민중의 위대함을 노래한 시인으로만 알고 있지? 그런데 그의 시 중에는 〈죄와 벌〉이라는 작품도 있어.

이 시는 그의 자전적인 삶과 연결돼 있어. 김수영이 거제도 포로수용소에 갇혀 있을 때 그의 아내는 자신의 선배와 살림을 차렸는데, 포로수용소를 나온 김수영이 돌아오라고 해도 결국 그 선배가 죽은 후에야 돌아왔대.

그렇게 돌아온 아내를 김수영은 모질게 대하지. 시에 등장하는 "때려 눕힌 여편네"는 자신의 아내였어.

그는 자신의 감정에 못 이겨 아내에게 폭력을 가하고 이 시를 쓴 후 그러한 폭력을 멈추었다고 해. 시에는 주변의 시선을 신경 쓰고 있는 자신의 쪼잔한 모습이 그대로 담겨 있지.

솔직하지? 어떻게 보면 이 작품은 처절한 반성의 시이기도 해. 인간에게는 누구나 이런 약한 고리들이 있어. 모든 인간은 불온하고 불완전하다! 캐릭터를 만들 때 이런 관점이 있어야 하는 거야.

참, 마지막으로 하나 더. 주인공에게는 비밀이나 트라우마 같은 '매력적인 결함'도 있어야 하지만 반드시 '매력적인 능력'도 있어야 해. 이것도 드라마를 쓸 때 1장에서 씨뿌리기를 하면 2장이나 3장에서 아주 유용하게 써먹을 수 있어. 단, 한 가지만 설정할 것. 그런 후 그걸 어떻게 하라고? 마르고 닳도록 우려먹으라고.

자, 이제 할 일은 이렇게 해서 만들어놓은 캐릭터를 로그라인에 접속시키는 거야. 로그라인이 이래서 중요한 거야. 주인공의 행동이 보여야 해. 거기에 맞춘 비밀과 트라우마가 주인공의 내면적 갈등이나 행동에 잘 써먹을 수 있는 기제인지 고민해야 되고. 아니면 과감히 버리든가, 다른 설정을 갖고 오든가. 그래야 드라마가 시작되는 거야. 안 보인다고? 아하, 그렇다면 캐릭터를 더 고민해야지.

캐릭터를 고민할 때 내가 제안하는 방법은 3가지야. 이건 너를 위해서 오직 나만 얘기하는 거다.

1. 인물의 자기소개서를 써봐

어디 제출용이 아닌 나만 보는 은밀하고 솔직한 자기소개서여야 해. 내가 그 인물이 되어서 작성하는 거니까 일인칭시점으로 써야겠지. 자기 검열도 없어야 하고. 이력서를 써보라는 선생님들도 있는데, 내가 볼 땐 자기소개서가 더 맞아. 그걸 쓰고 나면 인물과 훨씬 친해진 느낌이 들 거야.

2. 인물의 성격을 부여할 때 앞에 '너무 뭐뭐 한' 식으로 '너무'라는 부사를 붙여봐

그냥 '소심한 은행원 달수' 이런 것보다 '너무 소심해서 늘 문제인 은행원 달수' '보스가 되고 싶어 하는 정현이' 이런 것보다 '보스가 되기에는 너무 인간적인 정현이'. 이렇게 하면 캐릭터가 조금 더 확실해질 거야. 밋밋한 캐릭터는 재미없어. 죄악이야.

3. 캐릭터 이름을 벽에 붙여놓고 매일 불러줘

말도 붙이고. "네가 도대체 원하는 게 뭐니?" "너는 뭘 하려고 하니?" "너의 비밀과 트라우마는 뭐니?" "그게 지금 너한테 어떤 영향을 끼치는 거니?" 등등 계속 말을 걸라는 거지. 그런데 이건 부작용이 좀 있다. 다른 사람이 보면 굉장히 안 좋은 소문이 나니까 반드시 혼자 있을 때 할 것!

좋은 예를 하나 소개할게. 〈키스 먼저 할까요?〉의 배유미 작가가 쓴 시놉시스 중 주인공 설명이야. 시간 날 때 꼭 한 번 살펴봐(보너스 페이지 p.269 참고).

인물이 막 살아 움직이는 것 같지? 작가가 주인공의 삶으로 뛰어 들어간 것처럼 보이지 않니? 신 스틸러 배우 김홍파 씨가 어느 인터뷰에서 이렇게 얘기했어.

"인물의 삶을 알아야 숨을 쉬어요. 숨을 깊게 쉬어야 감성이 생기고 그 감성이 생겨야 글자에 숨결이 실려 상대에게 전해지는 겁니다. 그러니 그 인물이 살아온 삶이 이해가 안 되면 일단 숨부터 못 쉬게 되고, 그다음은 그 사람인 척을 하게 되죠. 그렇게 하는 말은 거짓말이에요. 혹자는 못 알아차릴지도 모르겠지만."

네 대본을 받아보는 배우가 이렇게 숨을 쉴 수 있도록 캐릭터를 만들어줘야 하는 거지. 그러려면 그 캐릭터의 삶 속으로 뛰어 들어가야 하는 거고.

자, 숙제 나갑니다. 로그라인에 캐릭터를 접속시켜서 스토리라인을 직접 짜보세요. 나만의 영감 떠올리기 '의식'을 통해서.

#scene 11

상처받은 존재에 대한 공감과 위로

드라마는 우리에게 무엇일까?

언젠가 뉴스로도 이슈가 된 지하철역 풍경. 웬 50대 아저씨가 술에 취해 플랫폼에서 난동을 부리고 있었어. 사람들을 향해 맥락 없는 욕설도 했다가 뛰어내리네 마네 하고 있었지. 주위 사람들은 놀라서 슬그머니 피하고. 신고가 들어가고 경찰들이 왔겠지. 그런데 이 경찰들을 붙잡고 또 난동이 벌어진 거야.

네가 뭔데 날 데려가냐 어쩌고저쩌고… 민중의 지팡이가 왜 선량한 시민을 겁주냐… 등등 쉽게 끝날 것 같지 않은 주사였어. 그런데 아까부터 이 광경을 한쪽에 앉아서 지켜보던 청년이 있었어. 그 청년이 쓱 다가오더니 이 아저씨를 안아주는 거야. 프리허그하는 자세로. 난동을 부리던 아저씨가 순간 멈칫하더라고.

"아저씨 그만하세요…."

청년의 이 대사 한마디에 아저씨가 갑자기 울컥하면서 난동을 멈췄어.

장면 하나 더. 광화문광장에 세월호 추모 천막이 있었잖아. 촛불혁명이 일어나기 전이었는데, 세월호 유족들과 자원봉사자들이 진상규명 서명을 받고 있었어. 그런데 일군의 태극기 할배들이 쳐들어온 거지. 책상을 뒤엎고 난리난리를 쳤어. 유족들과 자원봉사자들이 싸우다 싸우다 지쳐서 울분을 토하고, 아수라장이 되고, 그러다 지쳐서 잠시 휴지기가 왔는데…. 그때 이 광경을 망연자실 지켜보던 정신과 의사 정혜신 박사가 한 할아버지에게 조용히 대사를 쳤지.

"할아버지… 고향이 어디세요?"

그렇게 시작된 대화에서 정혜신 박사는 이 할아버지의 살아온 이야기를 가만히 들어준 거야.

일제강점기와 한국전쟁과 산업화 시대를 거치며 고생고생생고생하며 힘들게 살아온 이야기겠지. 그리고 지금은 존재감 없이 살고 있는 할아버지는 어느 누가 이렇게 한 시간여를 할

애해서 자기 얘기를 들어줄까 싶었던 거지. 할아버지가 마지막에 그러셨대.

"아까는 내가 심했소."

최근 내가 감동받은 두 장면이야. 드라마란 이런 게 아닐까 싶어. 상처받은 존재를 주인공으로 만들어주는 거. 혹은 "나도 당신과 같은 상처가 있었어요. 괜찮아요. 당신 잘못이 아니에요" 하는 공감과 위로.

아! 중요한 거 하나 더 있다. '나도 한번 저래 봤으면…' '나에게도 저런 사랑이 곁에 있었으면…' '누가 저 나쁜 놈들 어떻게 좀 해줬으면…' 하는 판타지.

최근의 화제작들인 〈미스터 션샤인〉 〈나의 아저씨〉 〈눈이 부시게〉 〈SKY 캐슬〉 〈스토브리그〉 〈동백꽃 필 무렵〉 〈이상한 변호사 우영우〉 〈천원짜리 변호사〉 〈죽음을 읽는 자들〉을 한번 생각해봐. 정확히 이런 시청자들의 니즈를 충족시켜준 드라마라고 할 수 있지.

#scene 12

그게 또 그 이야기라고? 천만에!

사람들을 사로잡는 드라마 플롯

이번엔 플롯에 대해서 설을 풀어보자.

우리가 흔히 "저 드라마는 스토리가 없어" 할 때 스토리는 서사敍事랑 같은 말이야. 스토리가 약하다는 얘기는 서사가 빈약하다는 얘기와 일맥상통!

플롯은 쉽게 얘기하면 "스토리를 어떤 방식으로 푸느냐"야. 스토리를 전개하는 패턴이라고 생각하면 쉬워. '사건 by 사건'이 아니라 '사건 그러므로 사건'이라고 작법책에서는 정의하기도 하지. 스토리에 플롯을 입히면 그게 '스토리텔링'이 되는 거고. 자, 여기서 퀴즈 두 개 나갑니다. 다음 빈칸을 채워보세요.

1. 플롯은 □□□□이다.

2. 플롯은 □□□이다.

1번 답은 공공자원. 2번 답은 재활용.

1번 문제는 《인간의 마음을 사로잡는 스무 가지 플롯》을 쓰신 토비아스 형이 내신 문제고, 2번 문제는 《나는 왠지 대박날 것만 같아!》를 쓰신 손정현 PD님이 내신 거야.

감이 오지? 조금 무리하게 플롯을 정의한 것이긴한데, 플롯을 가져다 쓰는 것에 대해서 0.1퍼센트의 죄책감도 느끼지 말라는 의미야.

드라마나 영화를 '비주얼 스토리텔링'이라고 하잖아. 이때 '비주얼'에 방점 찍을 것. 비주얼 스토리텔링에는 사람들이 좋아하는 패턴이 있어. 이걸 인정해야 해. 그냥 인간의 뇌구조가 그렇게 되어 있다고 생각해. 그래서 플롯을 공공자원이라 생각하고 가져다 쓰라는 거야.

혹은 다른 작품에서 썼지만 과감하게, 자신 있게 재활용하라는 거야. 쫄지 말라고 얘기하는 거야. 캐릭터와 배경만 달라도 사람들은 다른 작품으로 생각한단 말이지. 플롯을 재활용하라! 인생이란 게 뭐든지 한번 해보고 나면 그닥 두렵지 않다. 무데뽀 정신! 일찍이 〈넘버 3〉에서 송강호 형이 설파했던.

그리고 또 한 사람 플롯 얘기를 할 때 반드시 모셔야 할 분이 계셔. 이분은 돌아가셨어. 아주 오래전에. 바로 고대 그리스의 아리스토텔레스 형이야. 이 형이 눈 딱 감고 말씀하셨어.

"모든 이야기에는 처음, 중간, 끝이 있노라!"

《시학》에 나온 얘기야. 플롯은 이 한마디로 다 끝난 거야. 이 형 대단하지? 이걸로 지금까지 해먹고 계시니. 앗! 말이 좀 거칠게 나왔다. 해드시고 계시지.

아직도 《시학》 번역본은 업자들 사이에서 잘 팔려. 소설가 김영하 형이 〈알아두면 쓸데없는 신비한 잡학사전〉에서 지금 읽어도 감탄한다고 했었지.

〈내 이름은 김삼순〉 연출하셨던 김윤철 감독님이 《시학》 해석한 책을 번역한 게 있어. 《스토리텔링의 비밀》. 심심하면 일독하시도록. 아무튼 각설하고.

이게 바로 그 유명한 삼장이론 혹은 삼막이론이야. 처음, 중간, 끝의 황금비율은 1:2:1. 단막극 대본의 분량을 편의상 A4 40페이지 정도로 보면 10페이지 : 20페이지 : 10페이지 이렇게 구성된다는 거지.

영화에서 삼장이론을 본격적으로 파신 분이 시드 필더 형인데 너도 한 번쯤 제목은 들어봤을 책 《시나리오란 무엇인가》에서 잘 정리해놓으셨지. 삼장이론은 이걸로 그냥 끝나. 그러니 심심하면 또 일독하시도록.

작법책 많이 보지 말라 해놓고 슬금슬금 보라 하네. 그래 읽지 마! 읽지 마! 대신 삼장이론은 심산 형이 쓰신《한국형 시나리오 쓰기》에 잘 풀어놓았으니 그걸 보도록.

그런데 쓰다 보면 2장이 문제야. 뭔가 허전해지거든. 대부분의 초보작가들이 2장 들어서면서 헤매는 경우가 많아. 앞에서 얘기한 작법책 이거는 꼭 읽으라 한 거 기억나? 그래 빙고! 블레이크 스나이더의《SAVE THE CAT!》. 이 형아도 이런 고민을 한 거야. 그래서 각고의 실전 연구 끝에 삼장이론을 쥐잡듯이 풀어헤쳐놨어. 자기만의 방식으로 풀어놓았다는 게 좋아. 반드시 일독할 것.

뭐? 그거 볼 거면 지금 이 책은 왜 보냐고? 책 살 돈도 없다고? 알았다, 알았어. 가난한 너를 위해서 내가 또 쉽게 요약해볼게. 삼장이론을 잘게 미분한 거야.

단막극 드라마 3장의 구성은 이렇게 해봐.

1장은 설정, 즉 세팅 과정이야. A4 10페이지까지 분량. 무얼 통해서? 기폭제가 되는 사건을 통해서. 1장은 기폭제가 되는 사건이 제일 중요해.

일단 오프닝 신. 드라마의 이미지와 톤앤매너를 결정하는 신이라 생각하면 돼. 오프닝 신은 이미지로 시작하냐, 사건으로 시작하냐, 주인공의 일상으로 시작하냐 등 여러 방법이 있는데 이미지로 시작하는 게 조금 더 세련되고 영화적이지. 살짝 주제 암시도 할 수 있고.

아무튼 그러고 나면 주인공의 캐릭터를 사건을 통해 보여주면서 자연스럽게 배경과 적대자가 나와야 하고, 주인공의 매력적 결함도 씨뿌리기로 보여줘야 함.

《SAVE THE CAT!》에서 강조하는 점은 이때 주인공이 선한 역이든 악한 역이든 어쨌거나 호감 가는 구석을 반드시 만들어야 한다는 거야. 그래야 관객을 등에 업고 간다는 얘기.

기폭제가 되는 사건은 주인공한테 툭 떨어지는 거지. 전보나 해고, 아내가 바람피우거나 시한부 선고를 받거나, 주인공이 누명을 쓴다거나, 부모님이나 연인이 원수의 손에 죽는다거나, 혹은 골 때리는 상황에서 그녀를 만난다거나, 치명적인 팜 파탈과 원나이트를 한다 등등 이 기폭제가 바로 1장의 플롯 포인트(구성점)가 되는 거야. 그만큼 중요한 사건이라는 거지.

1장의 마지막은 '토론 과정'이야. 쉽게 얘기하면 '자, 이제 어떡하지?' '이건 말도 안 돼!' '내가 이걸 어떻게 해?' '할 수 없어. 해야 돼!'의 과정이지. 주인공은 결국 어떤 암시를 통해서 반드시 능동적인 결정을 내려야 함. 메인 긴장이 구축되는 과정이야. '주인공은 과연 해낼 수 있을까?' 멜로로 치면 '저 둘은 과연 행복한 연인이 될 수 있을까?' 이런 거지.

토론 과정이 왜 있어야 하냐면, 직진하는 인물은 매력이 없기 때문이야. 여기서 주인공의 '내면적 갈등'의 씨를 살짝 뿌려놓는 거야. 관객들도 같이 고민하라는 거지.

이렇게 1장 세팅 과정에서 기폭제 신을 통해 메인 긴장이 설정됐다면 본격적인 드라마는 2장부터 시작인 거야. 2장 시작하면서는 숨을 한번 돌려줘야 해. 관객이 숨 쉴 틈을 줘야 하는 거지.

'자, 그럼 이제 다른 것에 대해 말해볼까?' 하는 느낌. 새로운 무대가 나오면 설명을 해줘야 하고, 주인공의 우호 세력인 조연들도 여기서 자세히 보여줘야 해.

자, 잠시 쉬었으면 또 달려야겠지? 바로 '재미와 놀이'를 주는 거야. 여기서 또 한 번 훅 하고 흐름을 타줘야 해. 주인공이 장애물들하고 조금씩 부딪히는 거야. 이때 조금씩 강도를 조절해줘야 해. 장애물의 반격이 조금씩 세지겠지. 하지만 중간점 그러니까 A4 20페이지 정도 전후로는 주인공이 고난을 겪고 승리(혹은 패배)하는 과정을 보여줘야 해. 이걸 '가짜 승리'라고 하는데, 3장에 있을 '진짜 승리'와 대조되게끔 만드는 과정인 거지. 가짜 승리 혹은 '가짜 패배'가 있어야 3장의 진짜 승리가 더욱 큰 감동을 주는 법이야.

멜로로 치면 둘이 티격태격하는 과정이 보이고 그러다 세 번째 만남이나 시퀀스에서는 반드시 정서적인 부분을 건드려줘야 새로운 국면이 시작되는 거야. 남주가 여주를 구해준다거나 혹은 트라우마의 흔적을 발견했다거나 혹은 성적 매력이 느껴지거나. 이게 전환점이 돼서 중간점에는 마치 연애가 완성된 듯한 가짜 승리를 느끼는 거지. 업계 용어로 '삼세번의 법칙'이라고 함.

쉽게 얘기하면 탈출을 해야 하는데 한 번, 두 번은 실패하고 세 번째는 성공을 시키라는 거지. 가짜 성공으로. 세 번째에는 어떠한 형태로든 새로운 국면으로 접어들게끔 하라는 거야. 세 번째도 똑같은 패턴이 되풀이되면 관객들은 짜증을 내면서 채널을 돌려버려.

왜 '재미와 놀이'라 명명했냐 하면 그 과정이 재밌고 신난다는 거지. 관객들이 좋아할 만한 예고편에 나오는 하이라이트들은 다 이 부분에서 편집하는 거라고 생각하면 돼. 제일 중요한 거란 의미.

가짜 승리라고 해도 어쨌거나 주인공이 하나씩 헤쳐나가는 것이 관객들한테는 마치 진짜 승리처럼 보여야 함. 여기까지 신나게 흐름을 타고 왔으면 다음부터는 국면을 확 바꿔줘야 해. 바로 '중간점'부터. 중간점에서 적용되는 법칙이 '키리스 하딩의 법칙'이야.

키리스 하딩의 법칙 | 모든 일이 더할 나위 없이 좋아 보이는 그때, 사실은 모든 일이 그 반대다.

이런 법칙인데, 키리스 하딩 형이 뭐 하는 분이냐고? 나도 잘 몰라. 패스!

하여튼 나는 이걸 '불안한 행복' 법칙이라 불러. 산울림 김창완 형 노래 제목에서 따왔지.

'내가 정말 이렇게 행복해도 되는 걸까?' 혹은 '고생한 끝에 결국 내가 여기까지 왔네. 조금만 여유를 부려볼까?' 하는 순간 바로 여지없이 장애물의 반격이 시작된다는 거지. 본격적인 반격, 제대로 된 반격.

'재미와 놀이'에서의 반격은 장난이었던 거지. 이 구성점이 바로 '악당이 본격적으로 다가오다!'야. 이때부터 관객을 확 조이는 거야.

관객 입에서 "어머, 어떡해. 어떡해, 어쩜 좋아. 큰일 났네"가 나와야 하는 거지. 주인공은 승리했다고 생각했는데, 어째 일이 좀 잘 풀린다 했는데, 여기서부터 박살나는 거지. 외면적·내면적으로. 주인공 팀이 내분, 의심, 질투로 분열되기도 해. 배신자가 생기고. 여기서 주의할 점. '악당이 본격적으로 다가오다'는 반드시 '하인리히 법칙'을 적용할 것.

하인리히 법칙 | 대형 사고가 발생하기 전에 그와 관련된 수많은 경미한 사고와 징후들이 존재한다는 것을 밝힌 법칙.

다른 말로 하면 "악당은 서서히 다가온다. 마치 빙하처럼!"과 일맥상통! 느닷없이 나오지 말고 앞부분에 적절한 씨뿌리기를 해놓으라는 얘기야.

악당이 다가와서 난동을 부린 다음 그 결과로 오는 구성점이 '절망의 순간'. 주인공이 처절히 부서지는 순간이야. 이럴 때 주인공의 가장 가까운 사람이 죽음을 맞이하기도 하지.

다음은 2장의 마지막 구성점 '영혼의 어두운 밤'이야. 쉽게 얘기하면 '주여, 왜 나를 버리시나이까…'야. 동트기 전의 어둠으로 표현하기도 하지. 그 절망의 끝에서 주인공은 자신의 내면과 대면하고 마침내 '자신과 모든 이들을 구할 아이디어'를 꺼낸다. 혹은 기대도 안 했던 복권(우호 세력의 도움)을 줍게 되는 지점. 그리하여 그것을 무기로 3장 '최후의 대회전'으로 달려나가는 거야.

멜로로 치면 어떤 장애물로 인해 처절히 헤어지는 연인들이(악당이 다가오다) 외롭고 고독하게 서로를 그리워하다가(절망의 순간) 절박한 사랑의 감정을 깨닫고 혹은 제삼자의 도움을 받고(영혼의 어두운 밤) 3장으로 달려나가는 것이랑 비슷한 거야. 여기까지가 A4 30페이지 분량. 사분의 삼.

3장은 흔히 우리가 얘기하는 '클라이맥스'야. '최후의 대회전'이라고도 해. 주인공은 결국 혼자 힘으로 적대자와 장애물들을 힘겹게 물리친다. 여기서 '혼자'에 방점 찍을 것. 그러면서 앞에서 씨 뿌려놓았던 모든 설정들을 거둬들이는 시점이야. 그러고 나면 엔딩 혹은 에필로그만 남는 거야. 주인공으로 인해 변화된 관계, 세계를 통해 깨달음을 주는 거지. 주인공의 결함도 극복한 걸 보여주고.

내가 대치동 학원 강사도 아닌데 너무 수학 공식처럼 이야기했지? 하지만 얼터너티브 플롯을 가진 소수의 작품들, 이를테면 타르코프스키류의 예술영화, 홍상수 감독 영화, 〈메멘토〉나 〈박하사탕〉 같은 영화 등등을 제외하고는 삼장이론을 따르는 작품들 대부분이 대략 이런 과정을 거친다는 이야기야. 놀랍지 않니? 고대 그리스 시대부터 인간의 뇌는 이런 스토리텔링 패턴을 좋아하게 됐다는 얘기. 의심하지 말 것.

이렇게 피를 토하며 얘기하는데도 네가 불안과 의심의 눈초리를 피할 수 없다면 작품을 두 개 정도만 예로 들어볼게. KBS2 드라마 스페셜 〈참치와 돌고래〉와 단막극의 클래식 〈내 약혼녀 이야기〉의 VOD나 대본을 한번 볼 것. 전자는 재미있고 기분 좋은 로코. 후자는 지금 봐도 감동이 쓰나미처럼 밀려오는 휴먼 멜로. 후회하지 않을 거야. 일단 봐봐. 보고 나서 얘기하자(보너스 페이지 p.276 참고).

어때? 그럴싸하지. 그런데 이건 분석용이고, 이걸 쓴 작가는 플롯의 구조를 의식하며 썼을까? 난 '아니다'에 한 표! 아마도 글 쓰는 손가락의 리듬으로 썼을 거야.

'아, 이때쯤 기폭제가 되는 사건이 나와야 하고, 다음엔 신나게 흐름을 한번 훅 타볼까? 반 정도 왔으니 국면을 훅 바꿔줘야지. 좀 지루해지는데 턴해야지' 하면서 말이야. 이게 정상이야.

너는 처음이니까 이런 구조 분석이 필요한 거고. 그럼 이렇게 글 쓰는 손가락으로 리듬감을 느끼려면 어떡해야 하냐고?

내가 추천하는 방법은 장르마다 전공 작품을 정해서 파는 거야. 좋아하는 작품이어야겠지. 멜로면 멜로, 수사물이면 수사물, 코미디면 코미디. 최소한 필사는 기본이고 한 열 번 정도 같은 작품을 계속 보다 보면 너도 모르게 리듬감이 생길 거야. 작법책 열 번 보는 것보다 이 방법이 더 나아. 그리고 네 대본을 직접 쓰면서 느끼는 거지. '왜 이렇게 재미가 없지? 리듬감이 왜 안 생기지?' 하면서.

다시 말하지만 플롯은 재활용 대상이야. 공공자원이야. 죄책감 안 느껴도 돼. 그냥 갖다 쓰라고 있는 거야. 물론 족보에도 없는 플롯들이 있긴 있어. 앞서 얘기한 얼터너티브 플롯. 타르코프스키 예술영화, 홍상수 감독 영화류 혹은 〈메멘토〉나 〈박하사탕〉 같은 영화를 예로 들었지?

그런데 이건 네가 지금 도전할 단계가 아니야. 대안이란 늘 기존 문법을 완전히 마스터한 후에야 구사할 수 있어. 피카소가 입체파를 하기 위해 기존의 화풍들을 얼마나 치열하게 연구했을까를 생각하면 되지. 그냥 나온 게 절대 아냐. 변칙은 늘 정통을 마스터한 후에 시도해야 해.

숙제 나갑니다! 전공 영화나 드라마를 정할 것. 한 번은 자연스럽게 보고 한 번은 구조를 보고 한 번은 캐릭터와 대사를 볼 것. 이번 숙제를 다 하고 바로 대본 집필 시작하면 안 되냐고? 음… 알아서 해라. 나는 이제 맥주 한잔하면서 기타나 치러 갈란다. 부럽다고? 난 감독이고 넌 초보 작가야!(김하늘 톤으로)

훗날 네가 대작가가 되면 상황이 역전될걸? 그날이 올 때까지 고고씽!

드라마 플롯 한눈에 보기

1장

오프닝 신: 주인공 캐릭터 보여주기 - 배경 - 적대자 - 씨뿌리기

플롯 포인트: 기폭제가 되는 사건

토론 과정: 메인 긴장 구축 - 내면적 갈등의 씨뿌리기

2장

숨 돌리기: 새로운 무대 설명 - 조연 설명

재미와 놀이: 장애물과 부딪힘 - 가짜 승리 혹은 가짜 패배

중간점: 불안한 행복의 법칙, 새로운 국면 - 악당의 제대로 된 반격

절망의 순간: 주인공이 처절하게 부서짐

영혼의 어두운 밤: 절망의 끝. 이후에 마지막 희망을 발견

3장

최후의 대회전: 주인공이 혼자 힘으로 적대자와 장애물을 물리침

엔딩: 대단원의 막을 내림

#scene 13

이야기가 내내 절망의 바닥을 기고 있진 않니?

드라마 스토리에서 피해야 할
3가지 방향

어제 너 많이 취했더라. 나한테 전화했던 거 기억나니? 아무리 대본 쓰는 게 힘들고 안 써진다고 해도 내가 너보다 20년을 더 살았는데 그렇게 온갖 막말을 하고 징징대면 되겠니? 저번 시간에 대본 빨리 쓰고 싶다고 안달할 때부터 내가 조금 불안하긴 했다. 너를 위해서 시를 한 편 추천해주마. 황인숙의 〈강〉이라는 시야.

이 시의 키포인트는 마지막 구절이야. "강가에서는 우리 눈도 마주치지 말자." 나도 힘들다는 얘기, 외로움은 인생의 기본 질료라는 얘기야. 자, 다시 추스르자. 지금의 네 괴로움은 성장통이라고 생각해.

어느새 로그라인, 캐릭터, 플롯까지 왔어. 이제는 필이 오면 써도 돼. 단, 네가 천재 작가라고 생각하면 말이지. 이 얘길 했어야 했다. 지난 시간에.

아이고 머뭇거리네? 네가 천재가 아니란 걸 인정하는구나. 그래, 드라마 작가는 솔직해야 돼. 천재는 말이야… 정말 천재들이 있거든.

김은숙 같은 작가는 난 정말 천재라고 생각해. 망작이 없어. 다 대박이야. 쉽지 않거든. 처음 도전한 복수 스릴러 장르인 〈더 글로리〉도 넷플릭스 전 세계 1위를 찍어버리잖아. 그런 분들하고 자신을 자꾸 비교하면 할수록 스트레스받는다. 롤모델로 삼으면 안 되냐고? 응, 그것도 하지 마! 하지 마! 다쳐, 네가. 김은숙 작가 말고도 봉준호, 스필버그, 스티브 잡스, 김연아, 이승엽 뭐 이런 천재들 있잖아. 이런 분들은 그냥 '아! 내가 이분들하고 동시대를 사는구나. 영광이다!' 이렇게 생각해. 그래야 속편하다.

아무튼 네가 왜 대본을 쓰다 막혔을까? 살살 알아보자.

이럴 땐 십중팔구 캐릭터 문제야. 주인공이 너무 도 닦고 있진 않니? 혹은 철학만 하고 있진 않니? 대부분은 캐릭터를 로그라인에 잘못 접속시킨 경우야. 아니다. 그 전에 기획 단계부터 핀트가 안 맞았을 수도 있어.

1. 나한테만 재밌는 이야기 혹은 나만 아는 이야기

이건 나의 외로웠던 습작기를 얘기하면서 처절히 고해성사한 거 기억나지? 초보 작가들이 흔히 저지르는 실수 중에 하나임. 본인한테 영감이 빡 떠올랐다고 자신감 넘쳐서 집필 들어가는 경우지. 하지만 반드시 어떤 과정이 필요하다고? 검증 과정. 검증은 어떻게 하느냐? '피칭'을 해야 하는 거지.

스타벅스 옆 테이블에 괜찮은 카공족이 있어. 그럼 쓱 가서 붙들고 이야기하는 거야. "제가 2~3년 뒤에 억대 연봉 작가가 될 사람인데요, 이 얘기 한번 들어보실래요?" 하면서 설을 푸는 거야. 그럼 사람들이 처음엔 당황해하지만 곧 네 얘기를 들어준다. 재밌는 얘기 싫어하는 사람은 아무도 없거든.

근데 어느 순간부터 이 사람 표정이 안 좋아지고, 너를 혹시 정신병원 폐쇄병동에서 탈출한 애처럼 보기 시작하면… "죄송합니다" 하고 물러나면 되는 거야. 이 과정이 필요해. 반드시. 네 앞에 앉아 있는 사람이 흥미롭게 들어줄 수 있어야 하는 이야기여야만 하는 거지.

제임스 패터슨 형이 얘기했어.

"글쓰기 전에는 항상 내 앞에 마주 앉은 누군가에게 이야기해주는 것이라고 상상하라. 그리고 그 사람이 지루해서 자리를 뜨지 않도록 해라!"

제임스 패터슨은 또 누구냐고? 나도 이 형 잘 몰라. 또 패스! 아무튼 관객을 지루하게 만드는 건 칠거지악 중에 으뜸가는 죄야. 피칭의 검증 과정 없이 들어가면 '나만 재밌는 이야기'가 '나만 아는 이야기'로 변질되면서 대본 보는 이들로 하여금 분노지수를 충만하게 만들지. 혹은 '얘는 내가 제칠 수 있겠다'라는 자신감을 심어주기도.

2. 처음부터 어둡게 시작해서 끝날 때까지 시종일관 어두운 이야기

나는 이런 이야기를 '지하철일호선'이라고 불러. 계속 터널 속을 헤매는 이야기. 사람들은 기본적으로 밝은 이야기를 선호해. 그렇다고 장르물을 쓰지 말라는 건 아니야. 감정의 상승과 하강을 쥐락펴락해야 하는데 계속 어둠의 늪에서 헤매는 이야기는 안 된다는 말이야. 관객들을 희로애락 오욕칠정의 롤러코스터에 태워라!

3. 트렌드를 좇다가 자멸하는 경우

트렌드 트렌드 하는데, 사실 작가는 트렌드를 만드는 사람이지 좇아가는 사람이 아니야. 트렌드 좇아가다 잘된 케이스 못 봤다.

영화 〈건축학개론〉 기억나지? 평론가들은 3040 세대의 노스탤지어를 소환했다는 둥 그들의 트렌드를 정확히 반영했다 어쩌고저쩌고 분석하지만, 정작 감독은 영화가 개봉되기 7~8년 전부터 기획했다는 거야. 자신의 대학 시절 첫사랑 이야기 콘셉트로.

명필름이라는 좋은 제작사를 만나서 메이드된 거고. 감독은 그냥 자기 가슴속에 물컹물컹해지는 이야기를 숙성시켜서 만들었을 뿐, 트렌드를 의식하지 않았다는 얘기. 대신 트렌드 관련해서 이런 거는 꼭 지켜야 함. 시대착오적인 캐릭터나 에피소드는 반드시 피해야 해.

신데렐라 캐릭터나 민폐 캐릭터, 혹은 젠더 감수성에 관련된 에피소드 이런 건 트렌드를 반영해야 하지만, 기획 단계에선 트렌드가 글쎄… 그냥 네 가슴을 물컹물컹 몽글몽글하게 하냐 안 하냐가 트렌드라고 생각하시길.

가끔가다 비슷한 느낌의 드라마가 여러 개 편성되는 경우가 있어. 우연의 일치라고 생각하는데, 〈별에서 온 그대〉 〈푸른 바다의 전설〉 〈도깨비〉 〈흑기사〉 등등 불멸의 주인공 콘셉트 같은 것 말이야. 뭐가 좋았고 잘된 건지는 그대가 알아서 판단하시길.

#scene 14

주인공은 여하간 설쳐야 돼

밋밋한 주인공으로 보이는 7가지 이유

이제 본격적으로 캐릭터를 파보자. 대체 왜 네가 캐릭터에서 막혔는지 궁금했지? 바로 이것들 때문이야.

1. 주인공이 너무 수동적인 캐릭터라 액션보다는 주변 인물 환경 리액션에 더 방점을 두는 경우

앞에서 내가 집필했던 저주받은 걸작 〈아티스트를 위하여〉 기억나니? 조연출이 주인공인 얘기. 조연출이 주인공이니 얘가 뭘 하려는 것보다 자기가 경험한 사건이나 주변 인물들에 대한 리액션밖에 없었다고 통렬한 자기반성을 했잖아.

거기서 얻은 교훈이 뭐라고? 주인공은 여하튼 설쳐야 해. 뭘 하려고 아등바등하거나 욕망이 있어야 부딪힘도 생기고 갈등도 생기지. 간혹 가다 이런 애들이 있어. "왜 꼭 주인공이 목표가 있어야 해요? 저는 그런 상투적인 작품 안 쓸래요" 하는 애들.

전에는 나도 "그럼 주인공의 목표 없이도 재밌는 대본을 보여줘봐" 했는데 요즘은 이래.

"쓰지 마! 쓰지 마! 주인공의 목표 없이는 얘기가 안 되는 거야. 그런 건 에세이를 쓰거나 네 블로그에다가 써."

2. 주인공의 목표가 절박하거나 절실하지 않아서 그의 행동이 관객의 응원을 못 받는 경우

주인공의 목표라고 하면 마블 히어로처럼 '지구를 구해라' 이런 거창한 거만 생각하는데, 그게 아니라 뭐라고? 그가 처한 상황에서 관객들로 하여금 그의 목표가 절박하거나 절실하게 느껴지게끔 하라는 거지. 아주 사소한 거라도.

〈말아톤〉의 조승우는 자폐아지만 마라톤 완주가 목표인 거야. 〈추적자〉 손현주는 죽은 딸의 누명을 벗기고 범인에게 복수하는 거. 이란 영화 〈천국의 아이들〉 한번 봐봐. 동생의 운동화를 마련해주기 위해 어린이 마라톤에서 반드시 3등을 해야 하는 게 주인공의 목표야. 3등 상품이 운동화거든. 모든 멜로 주인공의 목표는 결국 먼 길을 돌아서 그녀가 나의 천생연분임을 깨닫고 쟁취하거나 이별하는 거.

3. 주인공을 무대 밖에 오래 세워두지 마

이건 들으면 당연한 얘긴데 의외로 못하는 초보 작가들이 많아. 극단적으로 얘기하면 신 리스트를 그냥 쭉 훑어봤을 때 남주이든 여주이든 신마다 주인공이 들어가야 해. 이것도 그냥 법칙이라고 생각해. 시간 경과 인서트 신만 예외.

관객들은 주인공의 행동과 내면 외에는 관심이 없어. 서브플롯으로 조연들 얘기도 꼭 하고 싶다고? 그러면 조연들도 주인공하고 엮어야 해. 안 그러면 따로 놀아. 주인공을 무대 밖에 세워두는 순간 대본은 이면지 통으로 들어간다!

4. 적대자 혹은 장애물이 너무 만만해서 갈등이 쉽게 해결되는 경우

캐릭터 만드는 놀이할 때 얘기했지. 적대자의 자기소개서도 써보라고. 처음엔 주인공에만 몰빵하거든. 그다음엔 반드시 적대자나 혹은 장애물이 되는 시스템에 대해서 빅 피처를 그려 봐. 적대자에게도 그의 철학을 대변할 수 있도록 할 것. 그래야 적대자도 멋있어지고 주인공과 대등해지면서 얘기가 확장됨. 이때 주의할 건 장애물의 성격. 처음엔 극복이 불가능한 것처럼 보이나 결국엔 절대 불가능하진 않을 'impossible but not impossible!'일 것.

5. 주인공의 정신세계가 너무 고매해서 캐릭터 변화의 여지가 없는 경우

캐릭터가 너무 완벽하면 사람 같아 보이지 않는다고 했지? 네가 시작하려고 하는 상황에서 모든 걸 한 발 퇴보시켜봐. 어디에 비교해서? 엔딩에 비교해서. 엔딩에는 결국 주인공이 성장해야 하거든. 아님 뭘 깨닫든가 교훈을 얻든가.

상황들도 마찬가지야. 처음에 눈 딱 감고 인물을 극적인 상황에 던져버려! 마음 약한 애들이나 혹은 "저는 너무 착해서요" 하는 친구들이 이런 것을 잘 못하는데, 대본 쓸 거라면 이런 나약한 감성도 털어내버려야 해.

가난한 취준생 설정이면 이보다 더 가난할 수 없다 할 정도로 만들어버려. 그래야 쓰기 편해. 심장도 물컹물컹해지고.

소설 《죄와 벌》을 생각해봐. 주인공 라스콜리니코프 맞니? 하여튼 이 형이 너무 가난해서 결국 전당포 노파를 살해하잖아. 게다가 부의 분배 차원에서 이 살인은 정당하다는 자기확신과 철학이 있잖아. 이런 거지. 주인공의 정신세계와 처한 상황을 눈 딱 감고 퇴보시키라는 얘기는.

내가 존경하는 작가 감독 이창동의 영화도 봐봐. 〈박하사탕〉 〈시〉 〈밀양〉 등 모두 주인공이 처한 상황은 극한 상황이야. 눈 딱 감고 뼈를 깎는 고통스러운 상황 속으로 인물을 던져버려야 해!

6. 주인공의 내면적 갈등이 없는 경우, 주인공은 작가의 인형이 된다

주인공 포함 네 대본에 나오는 모든 인물이 제일 좋아하는 노래는 들국화의 〈제발〉이야. 인권이 형이 절규하지.

"나는 너의 인형은 아니잖니⋯."

주인공의 내면적 갈등을 심어놓지 않으면 얘가 너의 인형이 돼버려. 꼭두각시 인형. 이렇게 되면 주인공은 겉으로 보이는 장애물을 헤쳐나가기 위한 기능적 역할만 하게 되는 거야.

전형적인 '뼈'만 남는 드라마가 되는 거지. 정서를 공유하지 못하고. 하수와 고수의 대본 차이는 여기서 갈려. 이창동 감독의 영화 〈시〉에서 주인공 할머니는 금지옥엽으로 키운 손자가 성폭행에 가담한 걸 알아. 내면적 갈등이 빡 생기는 거지. 경찰에 불어야 하나 감싸야 하나? 이런 내면적 갈등이 극에 텐션을 주는 거야.

그리고 내면적 갈등은 반드시 어떻게 보여주라고? 말로 하지 말고 눈으로 보여주라고. 말로 하는 순간 바로 하수가 되는 거야. 이건 뒤에서 한 번 더 얘기할게.

7. 주인공한테 설정이 너무 많은 경우, 중복되는 매직의 폐해

쉽게 얘기하면, 주인공한테 '마음을 읽는 능력'이 있어. 그럼 그 설정을 갖고 마르고 닳도록 우려먹어야지 필요에 따라 이런 저런 설정을 더 첨부하면 안 된다는 이야기야. 마음을 읽는 초능력이 있는데, 얘한테 시공간 이동 능력까지 주어져봐. 관객이 이것까지 받아들일 마음의 여유가 없고 스토리도 산만해져. 다른 설정들도 마찬가지임. 주인공에게도 매력적인 능력은 하나씩만 주라고 했잖아. 하나만. 그걸 갖고 끝까지 우려먹어야 하는 거야. 그래야 스토리에 집중하게 되고 쫄깃쫄깃해져.

#scene 15

인물 나도록 집요하게 사건을 파헤쳐봐

좋은 플롯을 짜기 위해 알아야 할 3가지

자, 앞에서 스토리와 캐릭터의 문제에 대해 이야기해봤어. 이번엔 그다음 플롯의 문제를 한번 볼까? 네가 짠 플롯이 왜 그렇게 헐렁하고 뭔가 아귀가 안 맞는 것처럼 보이는지 그 이유를 말해줄게.

1. 장르에 맞는 톤앤매너인가?

이것도 얘기했어. 로그라인을 썼으면 그 비슷한 레퍼런스를 10개 정도는 참고해야 한다고. 그럼 '아, 요런 콘셉트는 요런 톤으로 풀어야겠구나' '이런 장르에는 이런 플롯이 들어갈 수밖에 없구나'라는 감이 생겨. 이걸 업계 용어로 톤앤매너라 하지. 이걸 위반했는데도 재미있으면 작가가 천재이거나 저주받은 걸작이 될 확률이 높지.

영화 〈1987〉 만든 장준환 감독님 알지? 영화 죽이지? 그분이 2003년에 〈지구를 지켜라!〉로 입봉하셨는데, 관객이 예상한 '톤앤매너'를 완전 뒤통수쳤어. 관객들은 포스터하고 제목을 보고 하이 블랙코미디를 예상했는데 공포, 코미디, 사회물, SF물까지 온갖 장르가 다 들어갔거든.

업계 선수들 사이에는 '장준환 감독 천재설' 얘기도 나왔지만 관객 수는 처참했단다. 〈지구를 지켜라!〉는 '저주받은 걸작' 리스트에 올랐지만 자본주의사회에 '착한 자본'은 절대 없는 법. 〈1987〉이란 명작을 만들 때까지 장 감독님은 한동안 고생하셨어.

그러니까 처음에는 꿈도 꾸지 마. 변칙은 어떻게 하라고? 정통을 마스터한 후에. 내공이 쌓이면. 그리고 네가 힘을 가졌을 때. '힘을 가졌을 때'에 방점.

이런 경우도 있어. 〈나의 아저씨〉를 쓴 박해영 작가 알지? 내 인생 드라마 리스트 톱 5 안에 들어가는 드라마야. "당신을 사랑해요"라는 대사를 한 번도 안 치고 완성한 멜로드라마. '흥행성'과 '작품성'이 행복하게 조우한 작품. 남자들을 울린 드라마. 박해영 작가는 사실 〈또! 오해영〉보다 〈나의 아저씨〉를 먼저 방송하려 했었대. 그런데 똘똘한 프로듀서가 말렸다는 거야.

"작가님, 〈또! 오해영〉이 훨씬 대중적이고 흥행할 것 같으니 이걸 먼저 하시고, 그다음에 〈나의 아저씨〉를 하세요."

무슨 얘긴지 알겠지? 결국 두 작품 다 잘됐잖아. 하지만 〈나의 아저씨〉는 처음에 얼핏 리스크가 커 보였을 거야. 초반이 너무 어두웠거든. 전략적으로는 아주 훌륭한 배치였어. 안전빵인 작품을 먼저 해서 입지를 세우고 "사실은 나 이런 작품도 잘 써요" 하고 슬며시 보여준 거지. 그게 또 빵 터진 거고.

2. 트리트먼트를 적든 신 리스트를 적든 둘 중에 아무것도 하지 않았다

트리트먼트는 줄거리를 시퀀스별로 정리한 거고, 그걸 또 한 신 한 신 미분해서 한 줄 요약을 해놓은 걸 '신 리스트' 혹은 '신 구성'이라고 해.

신 리스트와 신 구성은 다르다고 하기도 하는데, 의미 없는 논쟁임. 고백하건대 실은 나도 습작 시절에 트리트먼트나 신 리스트를 적지 않았어. 내 머릿속에 다 들어가 있다고 자만했지. 하지만 이런 건 누가 하는 거라고? 그렇지! 천재들이 하는 거.

아니 실은 천재 작가들도 늘 신 구성을 하고 집필에 들어갈 거야. 그만큼 중요해. 모든 작법책에서도 강조하는 거고. 어떤 이는 '카드놀이', 어떤 이는 '포스트잇놀이', 어떤 이는 '신 리스트 놀이'라고 말하지.

조그만 카드나 포스트잇에 신 / 장소/ 인물/ 한 줄 요약/ 주인공의 정서적 반응 등을 적어서 보드판에 붙여봐. 그걸 갖고 플롯과 이미지나 구성점(전환점/플롯 포인트) 등을 그려보고 생각이 떠오를 때마다 첨삭하는 거야.

그러면 최소한 이야기의 시작, 중간, 끝이 보이는 시점이 오게 된다는 거지. 이걸 나침반 삼아서 가는 거야. 모든 작가들의 작업실에는 꼭 있는 게 있어. 하얀 빅 보드판. 그 위에 중요한 메모를 적은 무수한 포스트잇이 붙어 있거나 안 풀리는 것들이 쓰여 있어. 안 풀리는 건 풀릴 때까지 잡고 늘어져야 한다는 거지. 나는 안 했지만 너는 반드시 습관을 들이도록. 아주 좋은 습관이야.

3. 구성점 / 플롯 포인트 / 전환점의 계기가 되는 사건들은 네가 생각한 거보다 열 배는 더 집요하게 파봐

앞에서 얘기한 드라마 삼장 미분하기 기억나지? 이를테면 1장의 기폭제와 2장의 재미와 놀이, 중간점, 악당이 다가오다, 절망의 순간 등 플롯 포인트의 사건들은 아주 중요한 지점이거든. 거기는 '이 정도면 되겠지' 해선 안 돼. 왜냐하면 그 지점에서 관객들을 유혹해야 하기 때문이야.

가슴에 손을 얹고 '정말 잘 쓴 신인가?' '이보다 더 좋은 방법은 없나?' 스스로 자문해보길. 관객들로 하여금 '이래도 안 따라와?' 할 정도의 파급력 있는 사건들이 가야 하는 거야. 거기를 물에 물 탄 듯 술에 술 탄 듯 넘어가면 대본의 맥이 축 처져버려.

말이 쉽다고? 그래그래… 말이 쉽다. 그치만 훌륭한 작가가 되기 위한 통과의례라고 생각해. 실천하기 힘들어도 꼭 지키도록!

#scene 16

일단 무조건 올라보는 거야

대본 작업을 할 때
작가가 지녀야 할 자세

예전에 스브스 드라마 PD 신입 사원 합숙 심사를 들어간 적이 있어. "자, 당신이 왜 드라마 PD가 되어야 하는지 자신이 살아오는 동안 터닝 포인트가 된 사건 세 개를 통해 설명해주세요!" 뭐 이런 시간이었어. 호감 가는 애티튜드를 지녔던 한 친구가 오프닝을 이렇게 얘기하더라.

"저는 집이 신정동입니다. SBS 면접이 있던 날 집에서부터 목동 본사까지 걸어서 갔습니다. 횡단보도가 열다섯 개나 있었습니다. 저는 그 횡단보도를 하나하나 건너면서 드라마 만드는 일이란 이렇게 하나하나 묵묵히 견뎌내는 일이 아닐까 생각했습니다…(블라블라).”

그 친구의 대사를 다 듣고 나서 내가 그랬어.

“얘야…, 드라마 만드는 일은 횡단보도를 건너는 게 아니라 에베레스트산을 저 밑에서부터 30킬로그램 배낭을 메고 한 발 한 발 올라가는 고행이야…. 어디 횡단보도 따위를 갖다대니…. 떼찌!”

대본 작업도 이와 비슷하지 않을까. 처음에는 너무 막막해 보이고 두렵지만 한 발 한 발 옮기다 보면 어느새 길을 떠나게 되고, 중간에 죽을 듯이 힘들 땐 잠시 멈춰 서서 바람을 맞으며 쉬기도 하고… 그러다 보면 어느 포인트쯤에는 네 눈앞에 봉우리가 나타나지 않을까.

이때쯤 반드시 들어야 할 노래가 있다. 〈여명의 눈동자〉 〈모래시계〉를 쓴 송지나 작가가 드라마하기 전에 교양 프로그램 구성 작가를 한 적이 있었어. 88 서울올림픽 때 메달을 못 따고 쓸쓸히 돌아서 가는 한 선수의 뒷모습을 보고 김민기 형한테 노래를 부탁했지. 그래서 나온 노래가 〈봉우리〉야. 원래는 꽐라 직전에 들어야 필이 오는데, 오늘은 맨정신에 이 노래를 함께 들어보자.

유튜브를 틀든 음악 앱을 열든 해서 〈봉우리〉를 검색해봐. 여러 가수들이 불렀지만, 역시 원곡으로 듣는 게 최고지. 조근조근 시를 읊는 김민기 형의 목소리와 읊조리듯이 가사를 하나하나 불러나가는 노래를 듣다 보면 나도 모르게 뭉클해지고 눈물이 주르륵~ 흑(아, 주책맞게… 하지만 너무 좋다 좋아).

양희은 누님이 부른 것도 있는데, 민기 형의 노래가 혼자서 읊조리듯 했다면 희은 누님의 노래는 마치 우리를 달래주는 느낌이 들어. 둘 다 명곡이니 꼭 들어봐.

어때? 마음이 좀 따뜻해졌지? 이제 이야기도 끝으로 달려간다. 이제부터는 너한테 지랄지랄 안 하려고. 남의 가슴에 대못 박고 잘된 사람 못 봤다. 살아보니 그래. 인생 뭐 있다고 남의 가슴에 대못을 박으면서까지 출세해. 뭐? 이미 서너 번 박혔다고? 엄….

#scene 17

네 앞에 프러포즈하는 훈남 두 명이 있다면?

드라마 대본 세련되게 쓰는 법

이번 시간은 대본 좀 세련되게 쓰기야. 깔끔하고 매끈하고 에지 있게 쓰는 방법에 대해서 얘기해보자. 좀 두서가 없지만 대사 쓰기, 설명하는 스킬, 씨뿌리기와 거둬들이기, 장면 전환, 몽타주 쓰는 법 등등을 이야기해볼까 해.

전에 내가 드라마 쓰기란 연애하는 과정이랑 비슷하다고 한 적 있지?

지금 네 앞에 프러포즈하려는 훈남이 두 명 있어.

"저는 죽을 때까지 당신을 사랑할 거예요" 하면서 다이아몬드 반지와 꽃다발을 쑥 내미는 사람과, 너를 주인공으로 한 연가(이적의 〈다행이다〉가 어울리겠지? 너무 칙칙하면 이승기의 〈결혼해줄래〉)를 직접 불러주면서 노래 끝날 즈음에 너를 주인공으로 한 손글씨 시집과 실반지를 내미는 사람이 있어. 누굴 택할래?

그렇지! 뭐? 다이아몬드에 꽂힌다고? 야야, 다이아몬드에 혹해서 결혼한 커플 중 지금 이혼한 사례가 90퍼센트야. 너는 예술 하는 사람이 진짜….

아무튼 비유가 적절하진 못한 거 인정한다. 요점은 절대 나의 감정을 강요하지 말고 그(그녀)로 하여금 자연스럽게 느끼게 하라는 거야.

현실에선 네가 다이아몬드에 꽂히든 상관 안 할게. 대본 쓸 때는 후자를 택하라고. 그걸 인문학 용어로 혹은 업계 용어로 "말하지 말고 보여주세요"라고 하는 거야.

작가가 대본을 통해서 얼마나 심오한 주제 의식을 말하고 싶든, 혹은 주인공 캐릭터가 얼마나 매력적인가를 보여주고 싶든, 혹은 주인공의 내면적 갈등이 얼마나 심한지, 혹은 꼭 설명해야 할 정보나 배경을 말해주고 싶을 때는 직접적으로 관객에게 말하지 말고 인물의 행동이나 소품으로. 혹은 정 대사를 치고 싶으면 메타포가 있거나 씨뿌리기한 대사로 보여줘!

왜? 드라마는 비주얼 스토리텔링이니까. 관객은 우리보다 더 센스 있고 영리하니까!

드라마가 연애랑 비슷한 것 또 하나. 관객과 '밀당'을 해야 한다는 거! 어떤 방법으로? '유체이탈'을 통해서. 예를 들어 마음에 드는 연인을 유혹할 때 처음부터 다 보여주면 재미없고 막막 들이대면 상대방이 놀라잖아. 흥분하지 말고 하나씩 하나씩 너의 매력을 보여주라는 거지.

관객들하고도 마찬가지야. 자, 오프닝 신은 요렇게 시작하고, 기폭제가 되는 신에서는 '재밌죠? 자, 요만큼만 따라오세요. 이제 본격적인 2장이 시작됩니다' 하는 자세가 필요한 거야.

유체이탈하라는 의미는 '요 정도 신이면 관객이 따라올까?'를 객관적으로 고민하라는 거야. '어디서 너무 많이 본 신인데 관객들이 식상해하진 않을까? 그렇다면 살짝 비틀어볼까?' '여기까지 관객들이 무장해제하고 잘 따라왔으니 중간점부터는 한번 확 조여볼까?' 같은 마음 자세를 말하지.

일단 유혹하면 관객과의 밀당을 통해서 네가 우위에 있어야 하는 거야. 뭐? 너는 '금사빠'라고? 현실 연애에서 네가 금사빠든 형광등이든 상관없어. 대본 쓸 때는 철저하게 관객과의 밀당이 필요하다! 어떻게? 유체이탈을 통해서.

비기 킹이란 형이 있어. 《21일 만에 시나리오 쓰기》란 책을 쓰신 분. 제목에 낚이기 쉬운 책이지. 보려면 보고…. 암튼 그

형이 이렇게 얘기했어.

"먼저 감정으로 쓰고, 머리로 다시 써라!"

머리로 다시 쓰라 함은 유체이탈을 해서 관객이 따라오나 안 따라오나 밀당을 하며 쓰라는 내 얘기와 일맥상통!

#scene 18

작가의 내공은 조연의 대사만 보면 바로 알아

좋은 대사감을 키우기 위한 대사 줍는 연습

대사는 캐릭터를 드러내고 스토리를 전진시키며 정보를 전달한다. 요게 기본 기능이지. 공모전 심사할 때 이런 심사위원들이 있어. 조연들의 대사를 보면 이 작가가 내공이 얼마나 되는지 금방 알 수 있다고.

앞에서 그런 얘기했었지? 캐릭터들이 제일 좋아하는 노래는 들국화의 〈제발〉이라고.

"나는 너의 인형은 아니잖니… 너도 알잖니."

초보 작가들이 제일 못하는 게 조연이나 단역의 대사야. 기능성 대사만 치거든. 이를테면 의사 선생님 역의 "3개월 남았습니다" 같은 대사. 캐릭터의 개성에 대한 고민이 없는 거지. 그들도 집에서는 다 누군가에겐 하늘 같은 존재이거든. 그러니 그들을 너무 소외시키지 말 것.

'대사'에 관해서 모든 선생님이 사실 이런 얘기를 많이 해. 대사감은 타고나는 거라고. 플롯은 공부해서 학습이 가능한데 대사는 어찌할 수 없는 부분이 있어.

〈너의 목소리가 들려〉〈스타트업〉의 박혜련 작가님은 실토를 한 적 있어.

"노희경 작가나 박해영 작가님 같은 분들의 깊은 대사는 흉내도 못 내겠어요."

참 솔직하지. 박혜련 같은 인기 작가님에게도 그만큼 대사는 어려운 문제라는 거지. 반면 김은숙 작가님은 어찌도 그리 대사를 잘 쓰는지. 세상은 불공평해. 투덜투덜.

어떡하냐고? 할 수 없지. "아임 파인 땡큐" 같은 뻔한 대사 안 치려면 대사도 줍는 연습을 해야 해. 현실에서.

김훈 선생님의 에세이《연필로 쓰기》를 한번 봐봐. 호수공원에서 어르신들이 수다 떠는 걸 메모했는데, 엄청 재밌고 심지어 죽음을 이야기할 땐 슬픔의 정서까지 느껴져.

우리 주위에서 보면 대사를 재밌게 치는 친구들 있잖아. 재미난 대사나 표현을 들으면 막 적어. 스마트폰에 녹음하고. 카피하는 거지. 이렇게 줍는 대사들이 제일 생생해.

또 하나 팁. 생생한 대사를 줍는 연습 플러스 반드시 갈고닦아야 할 습관이 있어. 바로 대사를 '디자인'하는 연습이야. 왜? 드라마 대사는 일상 대사와는 달라야 하니까. 스나이더 형이 얘기한 거 함 들어볼까?

> "매력적인 인물은 당신이나 나와는 다른 식으로 말한다. 그들은 심지어 가장 일상적인 말이라도 그것을 말하는 독특한 방식이 있다. 그래서 그들은 평범하지 않은 사람이 된다."

> "좋은 시나리오에서는 모든 인물이 다른 말투로 말해야 한다. '안녕, 나는 잘 지내' 같은 가장 일상적인 대사라도 그것을 말하는 방식이 제각기 달라야 한다."

_ 블레이크 스나이더 《SAVE THE CAT!》 중에서

모든 인물이 똑같은 톤으로 대사 치는 참사를 막기 위해선 이렇게 의식적으로 캐릭터 각각의 대사를 디자인하는 연습을 해야 한다는 거지.

'명대사' 하면 너는 무슨 문학적 표현이나 시적인 표현을 떠올릴 테지만 의외로 평범한 데서 많이 나와. 이걸 나는 '명대사

의 평범성'이라 불러. 단, 조건이 있어! 인물을 둘러싼 사건이 나 상황이 극적이어야 하는 거지.

〈모래시계〉를 쓴 송지나 작가가 그 유명한 "밥은… 먹었니?" 이 대사 하나를 쓰려고 일주일을 고민했었단다. 우석의 일생일대 중요한 사법시험 날. 시험을 보러 집을 나서는데 깡패들의 급습을 받아. 태수를 잡으러 온 거지. 격투가 벌어지고 우석은 시험장에 늦게 도착해. 망쳐버린 거지. 본인의 일생일대 중요한 시험은 망치고 태수에 대한 원망 반 걱정 반이 복합 충돌하는 거지. 그날 밤 터덜터덜 골목길을 걸어오는데 저 앞에 태수가 서 있는 거야. 우석은 뭐라 말을 할까 고민하다 툭 던져.

"밥은… 먹었니?"

송 작가님은 이 신에서 어떻게 말을 해야 할지 일주일을 이리 뒹굴 저리 뒹굴 하면서 명대사를 떠올려봤지만, "밥은… 먹었니?"가 결국 그 상황에서 할 수 있는 최선의 대사였었다는 거야.

그리고 이 대사는 영화 〈살인의 추억〉에서 확대 재생산되면서 새로운 정서적 임팩트를 갖지. 송강호가 박해일을 만났을 때, 저놈이 분명 연쇄살인범인 것 같은데… 저놈을 개 패듯이 시원하게 패고 수갑 채워서 콩밥 먹이고 싶은 열망이 강렬한데 증거는 불충분하고… 분노와 증오의 눈으로 응시하며 대사를 치지.

"밥은 먹고 다니냐?"

이 대사 또한 배우 송강호가 3일을 고민했던 대사라고 하네. 극적 상황이 받쳐줄 때, 관객의 감정을 주인공에게 업혔을 때 평범한 대사도 이렇게 명대사로 탄생된다는 얘기임.

#scene 19

관객이 원하는 것을 다르게 보여줘라

명대사의 원칙

하… 내게도 잊을 수 없는 에피소드가 있단다. 어둡던 조연출 시절. 노희경 작가님의 드라마 〈그들이 사는 세상〉을 보면 송혜교의 내레이션이 있어. 유년 시절부터 아빠하고의 추억과 사춘기를 아름답게 얘기하다가, 방송국 조연출 시절은 뭐라고 하냐면 '내 인생의 암흑기'라고 한마디만 툭 치고 지나가지. 드라마 조연출은 그만큼 힘들어.

1997년 내가 조연출 시절, 〈모델〉이란 대작을 하고 있었는데 촬영이 중반을 넘어서던 어느 날 그분이 오신 거야. 그래. 그 전날 뭔가로 왕창 깨지고 욕을 한 바가지 얻어먹었던 것 같다.

거의 홀렸다고 봐야지. 나도 모르게 발걸음이 회사랑 반대 방향으로 향하고 있었어. 근무지 무단이탈이지. 삐삐를 꺼버리고 신촌으로 향했어. 비디오방을 갔지.

〈일 포스티노〉를 봤어. 쓰나미 같은 감동이 밀려왔지. '그래, 나는 영화를 하고 싶었어!'라는 결심을 하고, 그날 밤 강릉으로 가는 기차표를 끊었던 것 같아. 역 앞에서 경찰의 검문도 받았지. 꼬라지가 말이 아니었거든. 열심히 살고 있는 친구를 보면 힘이 좀 날까? 군대에서 돌아가신 선배 묘비 앞에서 넋두리라도 해볼까? 그렇게 술을 처먹으면서 2박 3일이 흘러갔고 돌아갈 때가 된 거야.

슬슬 두려워지더구나. 회사에서 지랄하면 그냥 사표를 내야겠다 마음먹었어. 대전역에서 밤 12시 서울행 기차표를 끊고 삐삐 녹음을 확인했지. 온갖 욕이란 욕은 다 녹음되어 있겠지? 각오한 후 큰맘 먹고 녹음을 확인하는데, 거기 내 조연출 선배의 음성이 있었어. 지금도 귓가에 너무 생생한 그 대사!

"정현아… 밥은 먹었니?"

아, 그 시절 얘길 다시 하려니 눈물 나려고 그러네…. 이놈의 감수성은 정말…. 나이를 먹어도… 흣….

하여튼! '명대사의 평범성'을 꼭 기억해둬.

〈파리의 연인〉 명대사 "애기야, 가자!"

〈시크릿 가든〉 명대사 "길라임 씨는 언제부터 그렇게 이뻤나?"

이런 대사들도 사랑하는 이를 지그시 오래, 낯설게 응시한 경험이 있는 이들이라면 누구나 가슴속에 한 번쯤은 품었던 말일 거야. 김은숙 작가는 그걸 끄집어낸 거고.

나의 술친구이자 기타 친구인 〈정도전〉 〈녹두꽃〉의 정현민 작가는 특강에서 이런 얘길 하더라고.

"여러분이 캐릭터와 명대사를 고민하시는데요, 그건 정답이 없습니다. 작가가 인생을 살아온 깊이만큼, 딱 그만큼만 나오는 거예요."

하지만 기죽지 마. 어렵게 생각하지 마. 이 얘기는 '일상의 평범성'을 순간포착! 할 줄 아는 따뜻한 시선의 힘을 얘기하는 거야. 캐릭터도 대사도 '명대사의 평범성'과 맥을 같이하는 거야.

배유미 작가의 〈키스 먼저 할까요?〉에 이런 대사가 있어. 대본을 인용해볼까?

순진 (세상을 덮은 하얀 설경을 보며) 버릴 수 있을 때 버려야 살 수 있어요. 안 그럼 내일도 오늘처럼 고통스러울 거예요!

무한 (고통스러운 눈빛 되며 순진을 바라보고) ……

순진 (설경 향한 채) 어떤 고통은 줄어들지도 익숙해지지도 않거든요! 끝낼 방법이 없어요!

아이를 잃은 엄마의 슬픔이야. "어떤 고통은 줄어들지도 익숙해지지도 않거든요! 끝낼 방법이 없어요"라는 대사는 평범하잖아. 그치? 근데 이 대사가 얼마나 나를 울렸는지….

세월호 유족들의 슬픔도 이와 같지 않았을까? 배 작가에게도 이런 비슷한 슬픔이 있지 않았을까?

뒤 상황도 한번 보자.

 # 에필로그

눈 덮인 겨울 동물원 길을 미친 듯이 질주하고 있는 무한.
새하얀 벤치 위에 정신을 잃고 누워 있는 순진.
정신없이 찾다가 벤치에 누워 있는 순진을 발견하고 덜컥!
두려운 걸음으로 다가가는 무한의 시선에,
축 늘어진 팔에서 새하얀 눈 위로 선연하게 뚝! 뚝! 떨어지고 있는 붉은 피!
한발 늦었다! 막을 수 있었는데! 막았어야 했는데! 더 빨리 알아챘어야 했는데!
스스로 무릎이 꺾이면서 주저앉는 무한!
멍한 표정으로 아득해하다 뒤늦게 정신을 차리고 허둥지둥 주머니를 뒤져 손수건으로 순진의 붉은 손목을 꽉! 꽉! 지혈하는 무한.
사경을 헤매는 순진을 안고 눈길을 달려가는 필사적인 무한.
산소마스크 끼고 구급차 안에 위태롭게 누워 있는 순진.
옥죄어오는 두려움과 죄책감으로 순진을 지켜보는 무한.
무한, 천천히 순진의 귓가로 다가가 뭐라고 말을 하는데
(당신 탓이 아니에요! 당신 잘못이 아니에요!)
죽은 듯 감겨 있는 순진의 눈에서 또르르 눈물이 흐르고.
그 눈을 바라보며 벌겋게 눈물이 차오르는 무한의 슬픈 눈에서 3부 끝.

"It's not your fault!"

영화 〈라스베가스를 떠나며〉 〈굿 윌 헌팅〉에 나왔던 명대사야. 여기에 이렇게 나와도 상황이 다르면 누구도 뭐라 안 해! 그냥 신이 좋으면 젖어드는 거야. 이걸 나는 '명대사의 연결성'이라고 불러.

하나만 더 볼까? 영화 〈죽은 시인의 사회〉에서 키팅 선생이 뭐라고 했는지 기억나? 그래, 바로 "카르페디엠!Carpe diem! Seize the day!"

이 멋진 말은 어떻게 연결이 되는가? 다음은 인정옥 작가의 〈네 멋대로 해라〉에 나온 대사야.

사는 동안 살고, 죽는 동안 죽어요.
살 때 죽어 있지 말고,
죽을 때 살아 있지 마요.
남자인 동안에는 남자로 살고
장애인인 동안에는 장애인으로 살아요.
내가 애인인 동안에는 애인으로 살고,
내가 보호자인 동안에는 보호자로 살래요.
그냥 그렇게 살면 돼요.
과거 돌리면서 추억하지도 말고
미래 예상하면서 걱정도 말고.
지금 사는 것처럼.
지금을 살아요. 네?

자, 이 대사는 또 다른 작품에서 어떻게 연결이 되는가? 〈눈이 부시게〉의 엔딩에 나온 혜자의 내레이션을 한번 볼까?

지금 삶이 힘든 당신,
이 세상에 태어난 이상
당신은 이 모든 걸
매일 누릴 자격이 있습니다.

대단하지 않은 하루가 지나고
또 별거 아닌 하루가 온다 해도,
인생은 살 가치가 있습니다.
후회만 가득한 과거와 불안하기만 한
미래 때문에 지금을 망치지 마세요.
오늘을 살아가세요.

눈이 부시게.

당신은 그럴 자격이 있습니다.
누군가의 엄마였고, 누이였고,
딸이었고, 그리고 나였을 그대들에게.

하… 좋다! '카르페디엠'과 똑같은 얘기고 똑같은 철학이야. 스나이더 형이 늘 강조하는 게 이거거든.

"관객이 원하는 걸 다르게 보여줘라."

드라마 콘셉트 잡을 때에도 유용한 명제지만 이렇게 명대사에도 똑같이 적용이 돼.

#scene 20

씨 뿌리고 우려먹고 거둬들여라

수미쌍관이 연결되는 대사

'명대사의 평범성' 그 반대편 극대점에 〈추적자〉 박경수 작가가 있어. 이분은 대사가 시야. 메타포도 예술이고. 그런데 박경수 작가는 2006년 〈내 인생의 스페셜〉이란 땜빵 드라마의 수모를 당한 이후 한동안 방송을 못 했어. 짐작컨대 그는 그 힘든 시절을 혼자서 감내하며 닥치는 대로 온갖 책을 읽었을 거야. 그 결과?

〈내 인생의 스페셜〉과 6년 뒤의 〈추적자〉 사이에 대사의 깊이가 확 달라졌어. 박경수 작가 인생에 가로등이 켜지기 시작한 거지. 그리고 그의 독서 리스트에는 반드시 무수한 '시집'도 있었을 거야.

강동윤을 잡기 위해 어렵게 얻은 핸드폰을 검사한테 건넨 후, 서 회장이 영욱에게

자존심은 미친년 머리에 꽂아놓은 꽃하고 같은 기다.
그 와 마을마다 미친 아가 하나씩 안 있었나.
머리에 꽃을 꽂고 댕깃다 아이가. 그칸데 희한하제? 얼굴을 만지고 때리고 밀고 그캐도 헤헤거리고 웃던 아가 머리에 꽃만 만지믄 살쾡이처럼 변해가 덤비는 기라.
지한테는 머리에 꽃이 지 몸보다 더 중요한 기라.
사람들은 저기 미치가 저라는 갑다 요라지만은 내가 볼 때는 다 똑같데이.
사람들은 다 지 머리에 꽃 하나씩 꽂고 사는 기라. 아무 쓸모없는 건데도 지 몸보다 더 중하다고 착각하고 사는 기 있는 기라. 영욱아, 니한테는 그기 자존심이데이.

백홍석에게 왜 포기하지 않냐고 설득하며, 강동윤 대사

사람이 그렇죠. 모두들 그럴듯하게 말합니다.
우리의 우정은 영원하다. 법과 정의를 지키는 파수꾼이 되겠다.
하지만 선택의 순간이 되어서야 그 사람의 진짜 모습이 드러납니다.
30억이면 친구의 딸도 죽이고 총리 자릴 준다면 평생을 지켜온 신념도 버립니다.
그리고 이렇게 말들을 하지요. 난 어쩔 수 없었다고…. 사람은 똑같습니다.
그 사실을 받아들이면 많은 것들이 쉬워지지요.

마지막으로 한 가지 더. 앞에서 "말하지 말고 보여주세요"라고 했잖아. 그래도 마지막에 말하고 싶을 땐 어떡하라 했지? 그렇지! 씨뿌리기 했던 설정이나 대사를 거둬들이라고 했지?

김은숙 작가의 〈미스터 션샤인〉에는 명장면이 많지만 하나만 볼까? 그 유명한 "What is the love?" 장면을 보자.

앞에 씨뿌리기 신이 있잖아. 조연을 통해서.

"저는 잉글리시를 배워 벼슬 말고 러브LOVE를 할 겁니다. 벼슬보다 러브가 더 좋습니다."

그러곤 김태리가 이병헌을 만나지.

"러브가 무엇이오? 하고 싶어 그러오. 벼슬보다 좋은 거라 하더이다."

그 이후 이병헌의 명대사가 쭉 나와.

"총 쏘는 것보다 더 어렵고, 그보다 더 위험하고, 그보다 더 뜨거워야 하오."

씨뿌리기와 거둬들이기. 그리고 LOVE의 뜻을 김태리 혼자만 모르는 '극적 아이러니'가 집약된 신이야. LOVE를 총 쏘기에 비유한 메타포 대사도 자연스레 연결이 되고. 한 신에 테크닉이 총동원됐네. 하, 잘 쓴다, 잘 써. 감탄이 절로 나온다.

그리고 한 번 씨를 뿌리면 어떡하라고? 마르고 닳도록 우려먹는다고 생각하라 했지. 이 신은 나중에 또 쓰여. 이병헌의 그 유명한 "합시다. 러브!" 신에서 다시 반복되지. 삼세번의 법칙 얘기했지? 세 번까진 우려먹어도 괜찮아. 물론 조금씩 상황이나 감정의 변화가 달라야 하겠지?

#scene 21

싸우거나 웃기거나! 아니면 엄청난 볼거리를 주거나!

세련된 설명을 해주는 대사 스킬

다음은 세련된 설명의 스킬에 대해서 썰을 풀어보자. 대본을 집필하면서 초보 작가들이 제일 못하는 게 '설명'이야. 드라마가 진행되면서 반드시 주어야 할 정보나 배경이나 팩트가 있잖아. 신인 작가들이 많이 저지르는 오류는 등장인물의 입을 통해서 구구절절히 다 대사로 설명하든가, 아님 '작가'만 아는 얘기를 계속 '작가'만 알고 있는 경우야.

이러면 채널 바로 돌아간다.

"저 작가는 내공이 없네" 하면서 말야.

설명은 말이야, 학창 시절 선생님을 떠올려보자. "이 선생님은 정말 머리에 쏙쏙 들어오게 잘 가르쳐" 했던 분들을 생각해 봐. 이런 분들은 일단 웃기고 시작한다. 재밌게. 학생들을 무장해제시켜놓고 하나씩 하나씩 지식을 심어줘. 수업이 너무 재밌어. 그런 원리랑 비슷한 거야. 한바탕 재밌게 놀고 나니 머릿속에 드라마 정보가 들어와 있는 거지.

두 가지만 기억해.

하나, 갈등이 있거나 유머가 있거나! 즉 싸우거나 웃기거나!

세상 제일 재미있는 구경이 싸움 구경 불구경이잖아. 갈등을 집어넣든가, 아니면 학창 시절 선생님처럼 웃겨서 무장해제시켜놓고 하나씩 정보를 쏙 심으라는 원리.

둘, 이게 여의치 않으면 엄청난 볼거리 혹은 호기심을 결합하자.

갈등 상황을 이용해 설명하는 스킬을 보여주는 신 한번 볼까? 이경희 작가의 〈소영이 즈그 엄마〉 중의 한 신이야. 영숙이는 지적장애를 가진 여자. 그녀의 딸이 소영이. 광식은 영숙이를 사랑하는 선량한 양아치야(보너스 페이지 p.287 참고).

읽어봤어? 딸과 엄마의 갈등 상황을 보여주면서 영숙의 힘들었던 과거에 대해서 자연스럽게 설명을 해주는 신이야. 심지어 울리기까지 하네….

엄청난 볼거리 혹은 호기심을 이용하는 신은 쉽게 생각해.

먼저 엄청난 볼거리. 영화 〈원초적 본능〉에서 그 유명한 샤론 스톤 언니의 다리 꼬기 신 기억나지? 다리 한번 야하게 꼬아주시니까 그다음에 무슨 대사를 치든 관객이 빡! 집중하게 되지.

호기심은 스나이더가 얘기한 '풀장 속의 교황'을 생각하면 돼. '바티칸 성베드로 성당 안에 풀장이 있어?' 하는 호기심과 볼거리를 제공하니까 교황이 뭔 대사를 치든 이 또한 관객이 집중하게 된다는 거지.

그리고 '설명'에서 어쩌면 제일 중요한, 반드시 잊지 말아야 할 점. 처음부터 다 보여주지 말고 조금씩 조금씩 보여줄 것. 관객과 밀당을 하라고 했었지? 일맥상통하는 얘기야.

한때 인기 있었던 그러나 지금은 잊혀가는 어떤 작가가 이희명 작가한테 물어본 거야. "형은 어떻게 그렇게 미니시리즈를 세 개 연속으로 할 수 있어요? 도대체 비결이 뭡니까?" 했더니 이희명 작가가 수줍게 얘기했어.

"궁금하게 만들면 돼…."

#scene 22

밤거리만 하염없이 걷게 만들지 말고

관객의 감정이입을 도와주는
몽타주 기법

다음은 몽타주. 설마 "몽타주가 뭐예요?" 하진 않겠지? 사전적 정의는 컷과 컷 혹은 신과 신들의 결합과 충돌을 통해 의미를 창출하는 기법이라 하지. 몽타주를 그냥 시간 경과 느낌으로 막 쓰는 경향이 많은데, 사실 연출들은 제일 신경 쓰는 게 몽타주야. 거기서 연출 역량이 많이 보이기도 하거든.

몽타주가 많이 들어가는 부분이 주로 '오프닝' '재미와 놀이' 그리고 '외로운 영혼' 부분이야. 제일 중요한 건 여기서도 정서적 임팩트가 있어야 한다는 점이야. 예를 들어 '오프닝'이나 '재미와 놀이' 부분의 몽타주에는 관객들로 하여금 신나고 즐거운 정서적 참여를 시켜야 하고, '외로운 영혼'에서는 같이 외로움과 안타까움을 느껴야 한다는 얘기지.

오프닝 부분의 몽타주 기법의 예로 〈보스를 지켜라〉 1회 첫 신 몽타주를 살펴볼까? 88만 원 세대 취준생 은설이(최강희) 캐릭터를 템포감 있게 설명하기 위해 쓴 거야. 시공간이 왔다 갔다 하면서 몽타주로 오프닝을 장식하지. 은설의 과거 히스토리, 성격, 현재 목표 등이 자연스럽고 템포감 있게 나오잖아(보너스 페이지 p.294 참고).

이번엔 '재미와 놀이' 부분에서의 몽타주 기법을 볼까? 드디어 은설이 우여곡절 끝에 비서실 취직 성공! 근데 본부장이 악연으로 엮였던 지헌이야. 〈악마는 프라다를 입는다〉라는 영화를 패러디해서 은설과 지헌이 보스와 비서로서 처음 생활하는 모습을 재밌게 묘사했지(보너스 페이지 p.297 참고).

'외로운 영혼' 부분에서의 몽타주도 예를 들어볼까. 〈키스 먼저 할까요?〉에서 무한이 자신이 시한부임을 고백하는 장면부터 시작해(보너스 페이지 p.300 참고).

이 신의 마지막 부분에서 이러지도 저러지도 못하는 순진의 슬픔과 막막함의 정서를 터널과 막혀 있는 벽으로 잘 표현해냈지. 이걸 성의 없이 쓰면 그냥 '밤거리를 하염없이 걷는다' 정도로밖에 표현 못 해요. 몽타주도 관객의 감정이입과 비주얼을 최우선시해야 한다는 얘기!

#scene 23

구구절절 말로만 하면 채널 돌아간다

갈등의 시각화, 행동화 방법

다음은 갈등葛藤 얘기야. 칡 갈葛, 등나무 등藤. 칡과 등나무가 서로 얽혀 있다는 거지. 주인공의 목표를 가로막는 적대자 혹은 시스템과의 갈등이 외면적 갈등. 그러고 나면 반드시 세팅할 게 주인공의 내면적 갈등이야. 그게 없으면 인물이 작가의 인형이 된다고 강조한 건 기억나지? 그리고 적대자 캐릭터도 자신의 철학을 강변할 수 있어야 한다 했지. 인물의 내면적 갈등은 독백 같은 걸로 쉽게 풀지 말고 반드시 외면화, 즉 시각화 혹은 행동화시켜야 한다는 것도 기억나지?

이건 사실 시나리오에서 많이 강조하는 것인데, 드라마는 아무래도 대사의 예술이다 보니 간과하기 쉬워. 그러나 그럼에도 중요한 포인트에 잘 써먹으면 드라마가 아주 풍성해져.

〈나의 아저씨〉에는 명장면이 많지만 두 군데만 살펴볼까?

14회. 정희가 겸덕이 있는 절을 찾아와 그의 설법을 뒤에서 처참한 심정으로 듣고 있지. 제가 맘이 죽겠어서 힘들었는데, 3일 동안 봉은사 토굴에서 참선을 하고 났더니 맘이 편해지더라. 염소도 예뻐 보이고, 풀떼기도 예뻐 보이고… 어쩌고저쩌고.

다음은 둘만의 신이 있어야겠지. 여기서 정희가 한 번 터뜨려야겠지.

"내려와! 내려와! 염소 새끼도 사랑하고 풀떼기도 사랑하면서 나는 왜 안 사랑해?"(중략)

겸덕이 흔들려. 그의 내면적 갈등이 어떻게 외면화될까? 절간에 혼자 들어가. 그리고 자물쇠로 잠가버려. 셀프 감금인 거지. 맘이 죽겠어서 토굴에 들어갔듯이.

최종회에서 박동훈이 이지안을 그리워하는 내면적 갈등은 어떻게 표현되는지 기억나? 집에서 일상적으로 찬밥을 먹다가… 울어. 아무 대사 없이. 근데 보는 사람을 막 울리잖아. 이런 거지. 내면의 외면화. 인물의 행동을 먼저 떠올리라는 거야.

정희가 만취해서 독백하는 신도 있거든. 이 신도 참 아픈데,

이건 앞에서 정희가 얼마나 뼛속까지 외로운지를 외면화시켰기 때문에 가능한 거야. 자기 가게 2층이 침실인데, 영업 끝나면 꼭 문 잠그고 마치 자기 집이 딴 데 있는 냥 사람들과 동네를 한 바퀴 돌잖아. 그리고 다 돌아가면 혼자 쓸쓸히 가게 문을 따고 들어가면서 셀프 토킹을 하지. 내면의 외면화와 셀프 토킹 씨뿌리기가 있어서 그것을 거둬들일 땐 엄청난 감정의 진폭이 생기는 거지.

하나만 더. 시스템과의 갈등을 기본 배경 정서로 깔고 있으면 드라마가 더 풍성해져. 이 대목에서 심산 형을 소환해볼게. 갈등을 "무엇과 무엇이 부딪치는 이야기이다"라고 정의한 탁월한 통찰!

심산 형은 영화 〈친구〉의 갈등을 준석과 동수가 부딪치는 것으로 보지 않았어. 그들의 적대자는 바로 비열하기 이를 데 없는 한국 사회였지. 비록 삐딱하긴 했지만 대신 죽어줄 수도 있을 만큼 절친한 친구들은 한국 사회라는 시스템 때문에 결국 서로를 죽이기 위해 칼을 들 수밖에 없었던 거였어.

마찬가지로 심산 형은 〈공동경비구역 JSA〉의 갈등 구조도 단순히 남과 북의 초소병들의 갈등으로 본 것이 아니야. 오히려 이들 네 명의 초소병은 순수하지만, 갈등의 측면에선 한국의 분단 체제가 우스꽝스러울 만큼 경직되고 비이성적이라고 말하고 있지.

어때? 감이 오지? 나는 〈친구〉 〈공동경비구역 JSA〉의 갈등을 '사회적 갈등'이라고 불러. 외면적 갈등, 내면적 갈등 말고도 이런 사회적 갈등을 드라마 전반에 걸쳐 깔아놓으면 훨씬 풍성해지지.

〈SKY 캐슬〉도 이렇지 않니? 인물들 간의 갈등도 극적이긴 했지만, 그 배경에 우리 사회의 끔찍할 정도로 비인간적인 입시 환경이 있어. 모든 인물이 결국 이 거대한 괴물 같은 입시 환경과 부딪치는 이야기가 바로 〈SKY 캐슬〉이야. 그 지점이 바로 이 드라마를 처음은 미약했으나 끝은 창대한 대박 드라마로 만든 비결이라 생각해.

#scene 24

관객은 네가 생각하는 것보다 훨씬 영리해

복선 설정과 장면 전환 방법

다음은 씨뿌리기와 거둬들이기. 이건 드라마의 '복선'을 좀 더 멋있게 확장한 표현이야. 모든 웰 메이드 대본에는 반드시 씨뿌리기와 거둬들이기 기법이 세련되게 들어가 있지. 앞에서 이야기한 〈미스터 션샤인〉의 'What is the love?" 신 기억나지?

우선 씨뿌리기에서 어떤 씨를 뿌려야 하는 건지 궁금할 거야. 대사, 소품, 이미지, 음악, 주인공의 어떤 습관, 트라우마 혹은 어떤 신 전체 등등 모든 게 다 해당돼.

씨 뿌릴 때 주의할 점은 관객이 눈치 못 채게 은근하고 자연스러워야 한다는 것. 그리고 이왕이면 1장이나 2장 앞부분에

뿌려둘 것. 너무 늦게 뿌리면 거둬들일 때 관객들에게 티 나고 부담됨. 그리고 이왕 뿌렸으면 마르고 닳도록 우려먹는다고 생각할 것. 여기서도 '삼세번의 법칙'에 따라 세 번까지는 괜찮아.

씨 뿌리고 거둬들일 때까지 경우에 따라서는 세 번까지도 가능하다는 얘기. 곳곳에 잘 뿌려놓으면 씨를 거둬들일 때 관객들에게 놀라운 정서적 충격과 감동을 줄 수 있단다.

다음은 장면 전환에 대해 이야기하마. 가슴에 손을 얹고 이 신이 정말 필요하다 싶지 않으면 과감히 생략할 것. 바로 점프하라는 얘기야. 구구절절 보여주지 말라는 얘기와 일맥상통! 관객은 네가 생각하는 것보다 훨씬 영리하거든. 네가 주도권을 쥐고 밀땅하기 전까진 팍팍 진도 나가야 함.

장면 전환의 가장 기초적인 것부터 살펴볼까? 〈보스를 지켜라〉 1회야.

S# 65. 공항 앞 지헌의 차

지헌, 안은 살피지도 않은 채 뒷좌석에 올랐다가 느낌에…?!

앉아 있던 송 여사, 선글라스 끼고 보고 있는.

지헌 헉! (놀라 미처 알아보지 못하고) 뭐, 뭐야?!

송 여사 (선글라스 쓱 벗으면)

지헌 (도망치려는데)

송 여사 (뒷덜미 여유 있게 잡는다)

지헌 (컥, 숨 막히며) 왜 이래요, 할머니, 진짜!

송 여사 (문 잡은 채) 문 닫어. (박 기사에게) 회사로 가요

지헌 회살 어떻게 가요, 내가? 쪽팔리게(다시 내빼려다 숨만 컥)

S# 66. 그룹 앞

지헌의 차 도착한다. 지헌 툴툴대지만 결국 내린다. 송 여사, 차 안에서 매의 눈으로 지켜보고. 지헌, 주변 둘러본다. 차 회장이 있는지부터 살피며 들어가는.

이걸 내가 어떻게 촬영했냐 하면, 앞 신에서 지헌이 마지막 대사 치자마자 바스트 프레임 아웃. 다음 신 첫 커트는 다시 지헌의 바스트 프레임 인. 그리고 화면 넓어지면서 회사에 도착한 것을 설명했거든. 리듬감이 생기지.

로맨틱 코미디에서 초반은 템포감이 생명이야. 그런데 초보 작가들은 어떻게 하냐면, 공항에서 회사까지 거리가 너무 멀잖아…. 리얼리티에 어긋나는 것 같아…. 이런 쓸데없는 걱정을 하면서 불안감에 결국 꼭 신 하나를 더 추가해. 이를테면 'S# 65-1. 지헌의 차 공항 해변길 달린다' 이런 식으로 말이지.

그런데 이 한 줄 때문에 제작비도 더 들고, 시간 낭비, 드라마의 템포감도 떨어뜨리지. 그러므로 팍팍 쳐내시길 강추! 그래야 대본에도 리듬감이 생겨.

장면 전환 기법 하나 더. 급격한 점프와 생략은 시청자들의 뒤통수를 치면서 확 몰입하게 해.

미국 드라마 〈워킹데드 시즌 1〉 봤니? 나는 보기와는 달리 심약한(?) 스타일이라 좀비물을 그리 많이 보지는 않는데, 시즌 1 첫 회를 보고 감탄했어.

이미지 오프닝 신 이후 타이틀 뜨고 본방을 시작하잖아. 셰인이 동료한테 가족 관계가 서걱거린다고 떠든 후 바로 무장 강도와의 총격전이 벌어져. 부상당한 셰인 입원. 동료의 환영이 어지럽게 보이다가 눈을 뜨고 나니 시들어 있는 화분 속 꽃. 멈추어 있는 시계. 폐허가 된 병원이 보이고… 세상은 온통 좀비들로 점령당했다! 엄청나지? 제작비도 아끼면서 정서적 임팩트는 열 배를 준 기폭제 신이야.

영화 〈저수지의 개들〉 오프닝, 영화 〈2001 스페이스 오디세이〉 오프닝에서도 비슷한 기법이 나오지. 참고하시길.

대사를 선행하여 신을 깔끔히 마무리하면서 다음 신으로 가는 장면 전환의 경우도 있어. 드라마 작가 교육원 창작반 올라간 내 제자 중 한 명이 쓴 신이야.

S#1. 영원 예식장 내 예식홀 / D

식이 진행되고 있는 예식홀. 단상 위의 필수(남, 60세)가 주례를 이어간다.

필수 예로부터 결혼을 인륜지대사라고 했습니다. 두 남녀가 서로를 반려자로 맞아 가정을 꾸리는 성스럽고 복된 날이지요.

한복을 곱게 차려입은 양가 부모와 경청하는 하객들 위로.

영원(E) 일종의 쇼 개념이죠. 이제 한 사람하고만 합법적으로 잠자리를 갖겠다는 선언에 그동안 뿌린 축의금이나 회수하는.

필수와 행복한 표정의 신랑 신부 모습 교차되며.

필수 오늘도 내일도 서로에게 맞춰가며
영원(E) 용서와 인내를 강요받는 건
필수 행복한 부부 생활을 위해 꼭 필요한
영원(E) 비극이죠.

〈결혼 행진곡〉 울리며 신랑 신부, 행복에 벅찬 표정으로 버진 로드를 걷는다. 그 위로 뜨는 타이틀 〈**영원 예식장**〉

S#2. 영원 변호사 사무실 / D

'변호사 노영원' 팻말 뒤 벽면에 이혼 전문 분야 등록증, 수료증 빼곡하다. 그 위로.

영원(E) 하지만 저를 찾아오셨으니 더 이상의 비극은 없을 겁니다.

접객용 소파에 마주 앉아 있는 영원(여, 34세)과 의뢰인(여, 30대).

캐릭터를 확실히 보여주고 선행하는 대사가 충돌하면서 앞뒤 연결도 깔끔해지지.

시간 경과를 인물을 통하여 점프하는 경우도 장면 전환에서는 많이 쓰여.

〈모래시계〉의 유명한 신. 어린 혜린이 그네를 타고 있고, 재희가 그 곁을 지키고 있어. 카메라는 계속 돌아. 어느새 어린 혜린이 어른 혜린(고현정 분)으로 변신해서 그네를 타고 있어.

〈시네마 천국〉에서 알프레도 아저씨가 손 전체로 어린 살바토레의 얼굴을 가렸다가 손을 떼면 성인 살바토레로 변신하는 커트.

〈인생은 아름다워〉에서 귀도와 도라의 프러포즈 신 다음. 집 열쇠를 못 찾고 허둥대는 귀도. 카메라는 도라를 따라가. 그녀는 집 옆 작은 화원으로 들어가. 프레임 아웃. 그러곤 곧바로 대사 선행. "얘야, 뭐 하니? 학교 늦겠다. 어서 나오렴!" 튀어나오는 일곱 살 소년. 뒤이어 나오는 귀도와 도라. 이 신도 유명하지.

그 외 소리나 행동의 유사성으로 장면 전환을 하는 경우도 있는데, 이것은 연출의 영역이니 넘어가자.

장면 전환이나 점프를 할 때 주의할 점은 상황이나 시간 경과는 팍팍 점프해도 좋지만 감정 신에서는 절대 감정선을 건너

뛰지 말라는 것이야. 중요한 감정선이라 생각하면 집요하게 달라붙었다 관객이 살짝 질린다 싶을 때 얼른 빠져나올 것. 드라마는 '선택과 집중!'이야.

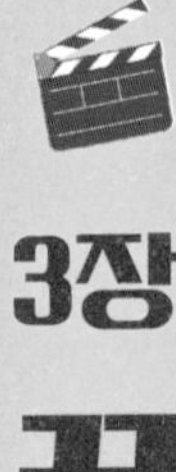
3장

끝

#scene 25

알고 보면 쓸데 많은 질문 8가지

그동안 온갖 잔소리 들으며 나를 따라오느라 수고 많았다. 지금부터는 '난 선생이고 넌 학생이야!' 모드 해제할게. 이제 먼 길을 떠나는 너에게 금일봉 봉투라도 안기고 싶지만 나도 애들 학원비로 쪽쪽 빨리는 사정이 있는지라 그냥 몸으로 때울게. 자, 알고 보면 쓸데 많은 질문 시간이야. 여기까지 왔으면 네 질문의 퀄리티도 처음과는 달라졌으리라 믿는다. 그래, 막 던져. 막 던져봐….

Q 누구는 우선 단막극을 잘 쓰라고 하고, 누구는 단막극이 없어지는 추세이니 당연히 미니시리즈를 써야 한다고 해요. 헷갈려요.

일단 단막극을 잘 써야 돼. 단막극을 잘 쓰지 않고 미니시리즈를 쓴다? 장담컨대 백이면 백 침몰할 수밖에 없어. 왜냐고? 글쓰기에도 '양질전환의 법칙'이 절대적으로 적용되거든.

양질전환의 법칙은 유물론 3대 법칙 중 하나야. 양적인 팽창이 있어야 이를 바탕으로 질적인 도약을 이룬다는 말이지. 끓는 물이 100℃가 되는 순간 기체가 된다는 비유로 많이 대신하지.

단막극을 갖고 관객과 밀당하면서 그들의 감정을 갖고 놀 줄 아는 능력이 생겨야 비로소 미니시리즈를 집필할 수 있다는 얘기야. 간혹 단막극을 쓰다가 갑자기 미니시리즈 아이템이 생각날 수 있는데 그건 꼬불쳐놔. 네 글쓰기 능력이 어느 순간 질적 변환을 이룬 다음에 미니시리즈를 집필해도 절대 늦지 않아. 하지만 당사자인 너는 조급하지…. 조급해지지….

내가 작가들한테 꼭 하는 얘기가 있어.

"작품은 언제 하느냐가 중요하지 않아요. 본인 가슴에 손을 얹고 양심적으로 8부까지는 정말 재미있는 대본이 나왔다고 생각할 때, 그때 들어가야 대박이 터집니다"라고.

어설프게 들어갔다 존재감도 없이 사라지는 드라마가 얼마나 많은데…. 그럼 그냥 잊힌 작가가 되는 거야. 조승우와 배두나가 주인공을 했던 이수연 작가의 〈비밀의 숲〉은 콘셉트 잡고 방송하기까지 10년이 걸렸단다.

공모전 등단은 일종의 '운전면허증'을 따는 거거든. 단막극으로 따든 미니시리즈로 따든 아무런 상관이 없어. 그리고 미니시리즈 공모는 더 힘들어. 왜냐하면 기성 작가들이나 잊힌 작가들도 많이 공모를 한단 말이야. 그러니 절대 조급해하지 말고 최소한 완성도 높은 단막극을 4편 이상 쓰고 내공을 쌓은 다음 미니시리즈를 준비해. 완성도가 높다는 것은 너 혼자 자뻑하면 안 되고 광장에 내놓았을 때의 평가를 얘기하는 거다. 응?

Q 공모전 당선용 대본이 따로 있을까요? 그 구체적 내용이 궁금해요.

이것도 나는 일종의 조급함이나 질투에서 나오는 음모론이라고 생각해. 공모용 대본이 따로 있을 리가 있나? 재미있냐 재미없냐, 내 맘을 울리냐 안 울리냐의 차이만 있을 뿐. 그런 말에 신경 쓰지 마. 물론 세상 모든 시험이 그렇듯 공모전도 절대 공평하진 않아.

정현민 작가는 대놓고 얘기해. "공모전은 운칠기삼이에요"라고. 운이 70퍼센트라는 과감한 주장인데 이것도 반드시 전제가 있어. 최소한 대본 완성도가 충족되어야 한다는.

정현민 작가는 국회의원 보좌관을 하다가 뒤늦게 드라마 작가 과정에 들어왔어. 기초반 지나 연수반 시절 당선이 됐지. 그때 공모작이 〈운동권 VS 운동권〉이야. 지방 자치단체의 스포츠팀 구조조정을 소재로 한 얘기야. 당락을 가르는 최종 심사에서 어느 심사위원이 그랬어.

"시대가 어느 땐데 아직도 운동권 얘기냐."

대충 낙선의 분위기가 좌중을 휘감던 바로 그때! 위기에서 정현민을 구해준 선의의 양심 세력이 나섰지.

"아뇨, 그래도 대본이 재미있고 감동도 있어요. 이런 사회성 있는 대본도 있어야죠."

2014년도 스브스 공모작 최종 심사장. 당시 데스크였던 나도 한 스푼 거들려고 회의에 참석했었어. 당선작들이 모두 결정되던 마지막 찰나, 내 마지막 양심이 소리쳤지.

"〈화양연화〉란 작품이 설정은 올드해도 멜로 감성이 참 좋던데…." 순간, 이제 밥 먹으러 가야 되는데 재는 왜 또 딴소리를… 하는 따가운 시선이 느껴졌어. 바로 그때! 또 한 명의 양심 세력이 날 도왔지. "저도 이 작품 잘 읽었어요. 정성주 작가의 멜로 필이 느껴져요" 그래서 간신히 가작으로 턱걸이 당선! 그 후 〈화양연화〉는 4년간 창고에 처박혀 있다가 2019년도에 tvN에서 제작·방송되었지.

스브스에서 〈조작〉이란 드라마를 썼던 김현정 작가의 당선

작은 미니시리즈 〈취업의 조건〉이었어. 취준생 청춘들의 얘기였는데 대본이 내 맘을 몽글몽글하게 만들더라고. 그런데 이것도 사회성 소재를 싫어하는 심사위원들한테 썩 좋은 점수를 받을 거 같지가 않더라고. 그래서 내가 어떻게 했는지 알아? 무려, 과감히, 100점을 줬어. 딴 사람들이 떨어뜨릴까 봐….

너 지금 뭔가 굉장히 정서적으로 불안해 보인다. 네 대본에 나처럼 안목 높은 심사위원이 안 걸리면 어쩌나, 그런 걱정 하는 거지? 걱정 마. 그 불안을 잠식시켜줄 예를 두 개 들어줄게.

tvN에 〈드라마 스테이지〉가 있잖아. 오펜 당선작 20편 중 10편을 반드시 단막극 드라마로 만들지. 오펜O'PEN은 CJ E&M이 드라마 제작 자회사 스튜디오 드래곤, CJ 문화재단과 협력해 신인 방송/영화 작가 모집, 대본/시나리오 기획 개발, 영상 제작, 편성 및 비즈매칭까지 전 과정을 지원하는 창작자 육성 및 데뷔 지원 사업인데, 여기서 매년 단막극 공모전을 열어.

감탄할 정도로 아름답고 부러운 제도야. 이 중 〈오늘도 탬버린을 모십니다〉란 작품이 있었어. 비정규직 여자 사원이 정규직이 되기 위해서 고군분투하는 이야기지. 그녀의 결격 사유는 회식 2차 노래방에 가면 갑분싸를 만들어버린다는 것. 그래서 탬버린을 현란하게 치는 법을 가르치는 학원까지 찾아간다는 설정에서 2막이 시작돼.

좋은 감독님 만나서 평도 좋고 잘 만들었어. 그 대본은 어떤 건 줄 알아? 내가 스브스 드라마 작가 공모전 2차 때 심사했던 작품이야. 기분 좋게 읽고 우수한 성적으로 올렸는데, 이런 젠장! 나중에 당선작 명단을 보니 3차 최종에도 오르지 못하고 2차에서 떨어진 거야.

사례 하나 더. 경상북도문화콘텐츠진흥원에서 2부작 드라마 극본 공모 심사를 할 때였어. 〈정록파 조지운〉이라는 대본인데, 한때 문학청년이었던 조폭이 쫓기다 고향으로 잠수를 타. 그런데 그의 고향이 청록파 조지훈 선생의 고향이었어. 그는 거기서 우연찮은 인연으로 마을 사람들한테 시를 가르치게 되고, 마을 공동체를 시심 가득 찬 곳으로 변하게 만든다는 얘기였어.

정서가 너무 좋았지. 대상으로 밀었는데 대상은 못 타고 최우수상을 수상했지. 근데 그 작품도 알고 봤더니 스브스 최종에서 떨어진 작품이었어.

그래도 별로 위로가 안 돼? 엄… 그럼 이 얘기를 해줄게. 이만교 형이 있어. 《결혼은, 미친 짓이다》의 소설가. 그 형이 글쓰기에 관한 책을 2권 냈는데 잊히지 않는 구절이 있어.

> 그리고 이제 나는 '꿈은, 이루어진다'는 문장을 다음과 같이 수정하고 싶다. '꿈은, 이미 이루어졌다!' 우리가 전념을 다하고

만 있다면! 다만, 타인들에게 인정받기에 시간이 걸릴 뿐이다. 그런데 저 장삼이사의 타인들이 우리를 어떻게 생각하든, 우리 예술가들에게, 그딴 판단이 무에 그리 중요하단 말인가!

_이만교 《나를 바꾸는 글쓰기 공작소》 중에서

당신이 전념을 다했다면, 어느 순간 당신의 글쓰기 능력은 질적 변환을 이룰 것이고, 그래서 그 어느 날, 불현듯, 느닷없이 전화벨이 울릴 것이다. 단지 사회적 검증 절차나 기관의 사정에 따라 너의 등단이 조금 늦추어질 뿐이라는 얘기. 그러니까 불안해하지 말고 걱정을 가불하지 말고 '지금, 여기'의 글쓰기에 전념을 다하란 말씀이야.

응? 이해가 가지? 이런 걸 인문학 용어로 '낭중지추'라고 하는 거야. 대본이 좋으면 반드시 어떤 루트를 통해서도 너는 드라마 작가가 될 수 있단 얘기야. 그러니까 조급해하지 말고 꾸준히 대본을 쓰라는 거지. 불안해하지 말란 얘기! 파스빈더 감독의 영화 제목에 이런 게 있지. 〈불안은 영혼을 잠식한다〉!

어떤 선생님들은 이런 말씀도 하셔. KBS는 가족애를 다룬 작품은 반드시 뽑는다. 오펜에서는 장르물을 선호한다. 그렇긴 한데, 장르물을 선호하는 게 아니라 장르물 작품이 많이 들어와서 밸런스상 뽑히는 거야. 그리고 가족애를 다룬 작품을 반드시 뽑는다는데, 그런 건 뭐든 쓰다 보면 자연스럽게 나오는 정서가 아닐까?

Q 공모전에 당선되지 않고 다른 루트를 통해 입봉하는 작가들도 있다는데 ,어떤 사례가 있을까요? 저도 틈새를 노려보려고요.

첫째, 영화 시나리오로 입봉하고 넘어오는 경우. 〈남자친구〉를 썼던 유영아 작가는 영화 〈7번방의 선물〉로 유명세를 타고 넘어온 케이스야. 〈킹덤〉 〈시그널〉의 김은희 작가도 〈그해 여름〉이란 시나리오로 집필을 시작했지. 〈청춘시대〉 〈연애시대〉의 박연선 작가도 〈동갑내기 과외하기〉란 영화로 먼저 유명세를 떨쳤어.

둘째, 대작가들의 글방이나 작업실에서 보조 작가, 구성 작가를 오래 하면서 내공을 쌓은 경우. 송지나 작가 글방에 있던 작가들. 최완규 작가 후예들. 김영현·박상연 작가 후예들. 김은숙 작가 후예들. 강은경 작가 후예들.

셋째, 본인이 쓴 소설이나 웹드라마 등이 유명세를 타서 제작사에 스카우트된 경우. 혹은 신춘문예로 등단한 경우. 숙성 과정을 거쳐서 입봉!

넷째, 앞에서 얘기한 공모전에서 안타깝게 떨어진 작품들, 혹은 작가교육원 창작반 수록 작품들이 매의 눈을 가진 감독이나 제작사 프로듀서 눈에 띄는 경우.

Q 쓰고 싶은 글과 써야 하는 글 사이에서 어느 것에 더 중심을 두고 집필해야 하나요?

어려운 질문인 것 같은데, 사실 답은 정해져 있어. 내가 가장 잘 쓰는 톤앤매너의 글이 무엇인지를 습작 과정에서 반드시 파악할 것. 답은 스스로가 가장 잘 알아. 작가가 흥이 나지 않는 '써야 하는 글'은 백이면 백 폭망이지.

가끔 제작사에서 급한 의뢰가 들어올 때도 있거든. 각색이 들어오든가 대필 제의가 들어오든가. 그럴 때 날 찾아주는 게 어디냐고 넙죽넙죽 받으면 안 돼. 신중히 생각하되 정말 어쩔 수 없는 먹고사는 문제가 아닌 한 정중히 거절하는 게 좋아. 작가가 쓰면서 흥이 나지 않는데 관객의 마음을 움직인다? 난센스!

Q 신인 작가를 발탁할 때 어떤 점을 가장 중요하게 생각하세요?

보통 대본의 전체적인 완성도와 숙련도를 보는데… 좀 더 디테일한 답을 원하는 거지? 굳이 얘기하자면 대삿발이나 에피소드 만들어내는 능력을 보게 돼. 그리고 신의 정서! 플롯은 좋은 감독이나 프로듀서를 만나면 학습이 가능하지만 대삿발은 순전히 작가의 영역이거든.

그래서 현장에선 구성보다 대사빨을 더 높게 치는 경향이 있지. 대삿발은 코칭이 안 되거든! 구성은 대안을 제시할 수 있는데, 대사는 "대사가 너무 후져요!" 정도밖에 피드백을 못해주기 때문이야. 혹은 다른 작품의 대사를 빗대서 예로 드는 수밖에 없어. 그리고 어느 분야나 다 그렇듯 신인에게 기대하는 덕목은 어떤 도발성 혹은 전복적 가치에 대한 기대감이라는 걸 잊지 마. 다소 거칠다 싶을 정도로 글을 힘 있게 밀고 나가는 저돌성 등등.

Q 요즘 로맨틱 코미디 혹은 멜로가 힘을 못 쓰고 있는데, 어떤 이유일까요?

그건 요즘 트렌드가 아니라 웰메이드 대본이 없어서 그런 거야. 드라마에서 로코와 멜로는 영원히 먹히는 장르지. 네티즌들이 그러잖아. 한국 드라마는 병원에서도 연애하고 법정에서도 연애하고 온갖 곳에서 다 연애한다고…. 이건 뒤집어 얘기하면 멜로는 우리나라가 제일 잘 만든다는 얘기야. 근데 전문직 드라마에서 메인 플롯은 재미가 하나도 없고 쓸 게 없어 멜로로만 풀려고 하니까 네티즌들한테 집중포화를 당하는 거지.

메인 플롯도 재미있고 서브 플롯으로 멜로가 녹아 있으면 금상첨화라고! 하지만 멜로가 자신 없을 땐 과감히 포기하는 것도 방법이야. 그만큼 멜로가 어려운 것도 사실.

Q 넷플릭스나 유튜브 같은 플랫폼이 다양해지고 있는 지금, 어떤 점을 고려하고 대비해야 할까요? 현재 제작 현장에서는 어떠한 대비

가 진행되고 있는지요?

OTT 시장(동영상 스트리밍 시장)이 한 해 두 해 달라지고 제작사나 방송국은 그 변화에 적응하느라 난리지. 하지만 너는 신경 쓰지 마. 그들이 알아서 할 일이야. 왜? 환경은 늘 변하지만 드라마를 만드는 본질은 변하지 않거든.

사람의 마음을 움직이는 건 드라마의 정서야. 물론 플랫폼에 따른 드라마 포맷은 조금씩 변화하겠지. 그치만 그건 금방 적응이 돼. 테크닉은 아무것도 아니야. 문제는 역시 대본이야!

Q 저는 PD님 말씀대로 글의 질적 변환을 이룬 거 같아서 이제는 미니시리즈를 쓰고 싶은데요, 무엇부터 시작해야 할까요? 미니시리즈 기획안이 단막극과 다른 점은요?

"오, 자신감 만땅인데. 좋아! 그렇다면 내가 웰메이드 미니시리즈 기획하는 법을 알려주마!"
라고 했으면 좋으련만 나도 사실은 늘 헤맨다. 미니시리즈만 강의하는 선생님도 따로 있다고 하더군. 그리고 드라마 교육원 창작반 수업도 이제는 시대의 조류에 맞춰 미니시리즈에 더 집중하나 봐. 예전에는 단막극에만 몰빵했거든. 이건 바람직한 현상이라고 봄. 나도 가서 듣고 싶을 정도야.

음… 이건 과학적인 것은 아니고, 내 직관에 기대서 얘기를 해볼게. 단막극과 미니시리즈가 다른 점은 일단 서사를 어떻게 확장시키느냐의 싸움이라고 생각해. 미니시리즈를 쓰겠다면 처음 이야기에 접근할 때 일단 거시적으로 크게 크게 생각해 봐. 단막극 아이템에 접근하는 식으로 하지 말고. 내가 앞에서 얘기한 XY놀이 기억나? X가 Y를 만날 때 혹은 X의 Y버전.

전희영 작가가 대본을 쓰고 내가 연출했던 〈화양연화〉도 여기서 안 벗어나. 나는 전작 〈키스 먼저 할까요?〉와 비슷하지만 결이 다른 멜로를 4~5년 전부터 마음에 품고 있었어. '영화 〈건축학 개론〉이 40대를 만날 때!' 혹은 '〈건축학 개론〉이 드라마 〈아내의 자격〉을 만날 때!' 여기서 출발했어. 그런데 마침 4년간 창고에 처박혀 있던 〈화양연화〉가 눈에 딱 들어왔던 거고. 전 작가와 의기투합해 리모델링 과정을 거치면서 편성이 되었던 거지.

스토리텔링에서, 완전한 무에서 유를 창조하는 법은 없어. 업계 선수들이 흔히 얘기하지.

"90퍼센트의 익숙함과 10퍼센트의 신선함."

이게 별거 아닌 것 같은데 엄청난 위력을 발휘한다. 10퍼센트의 신선함이 드라마를 완전 다르게 만드는 거야. 너무 완전한 새로움은 찾다가 지쳐. 빡 하고 떠오르는 영감이 없으면 일단 큰 틀 안에서 XY놀이를 통해 먼저 시작하는 게 좋은 방법이야. 각론으로 들어가면 캐릭터나 배경, 플롯이 다 달라지거든. 그렇기 때문에 시청자들은 전혀 새로운 드라마라고 인식을 하지.

〈강남엄마 따라잡기〉라는 드라마가 '집안의 괴물'을 만나면 〈SKY 캐슬〉이 되는 거고. 〈별에서 온 그대〉의 여자 버전을 생각하면 〈푸른 바다의 전설〉. 〈보스를 지켜라〉가 미스터리 멜로를 만나면 〈김비서가 왜 그럴까〉. 〈하얀거탑〉의 여자 버전은 〈미스티〉. 〈눈이 부시게〉는 영화 〈뷰티풀 마인드〉나 〈셔터 아일랜드〉의 시점 변화 플롯을 따와서 잘 녹인 거지.

그러니 미니시리즈를 쓰고 싶다면, 기존 드라마를 한번 풀버전으로 보면서 플롯을 연구해봐. 그럼 대략 갈 길이 보여. 플롯도 크게 크게 썰어봐. 미니시리즈 16부를 삼장이론으로 미분하면 대략 이래. 1~2부는 1장, 8부 엔딩은 중간점. 그 뒤로 악당이 다가오다 / 절망의 순간 / 외로운 영혼의 밤까지가 14부, 15~16부는 3장 최후의 대회전. 이렇게 크게 썰어보는 거지. 그럼 대략 중간점까지는 보일 거야.

그 뒤는 어떻게 될지 사실은 작가들도 잘 몰라. 왜냐하면 드라마 대본을 쓰다 보면 캐릭터나 서사가 스스로 진화하거든. 캐릭터가 작가에게 말을 걸어오는 수도 있고. 그럼 더 좋은 서사가 생각나기도 하지. 그래서 보통 미니시리즈 시놉은 중간점까지만 디테일하게 써놓고, 그 뒤로는 대략 '이런 서사로 갈 것이다' 정도로 요약하는 게 좋아. A4 40페이지를 넘지 않는 분량으로 말이지. 더 길면 읽는 사람도 부담스러워. 이 분량 안에서 드라마의 흥행성과 작품성을 어필해야 함. 물론 작가의 마음속에 엔딩 이미지는 반드시 갖고 가야 해. 일종의 '나침반' 역할인 거지.

마치 〈미스터 션샤인〉에서 맨 마지막에 국사책에 나왔던 의병들의 사진 이미지가 강렬했듯이 말이야. 이렇게 듬성듬성 크게 썰어놓은 다음엔 미시적으로 들어가야 해. 각각 회별로 또 들어가면 반드시 15분마다 기폭제 역할을 하는 플롯 포인트들을 심어놓도록 해. 그래야 채널이 안 돌아가. 최악의 방법은 김치 싸대기나 김밥 싸대기 날리는 거라도 보여줘야 해(앞으로 또 어떤 싸대기가 창조적으로 나올까 궁금하다).

캐릭터도 마찬가지야. 완전히 새롭고 신선한 캐릭터에 너무 집착하지 마. 다 기존의 것에 조금씩 변형을 주는 거야. 〈보스를 지켜라〉에서 은설이 캐릭터는 기존 〈달려라 하니〉 캐릭터에 싸움을 잘한다, 학창 시절에 좀 놀아봤다 설정만 살짝 가미한 거거든. 새로운 캐릭터라고 사람들이 열광했어. 나만 그런 건가? 암튼! 10퍼센트의 신선함! 이게 잘 가미되면 드라마 콘셉트도 그렇고 캐릭터도 완전히 새롭게 느껴진다는 얘기야.

그리고 미니시리즈에는 반드시 조연들의 서브 플롯도 들어가야 해. 관객이 숨을 돌려야 하는 쉼터 같은 존재들이 반드시 필요하다는 거지. 단막극에서는 주인공이 거의 매 신 들어가야 하지만, 미니시리즈 같은 긴 호흡에서는 반드시 쉬어가는 시퀀스가 있어야 하거든. 조연들도 소홀히 하지 말 것.

휴… 미니시리즈 관련해서는 여기까지! 그다음은 그대들의 몫으로 남겨둘게. 만약 이 책이 많은 사랑을 받으면, 미니시리즈에 대해서만 한번 다시 책을 써볼까…. 나, 너무 김칫국 마시는 것 아니지?

에필로그

드라마 작가는 순정이 있어야 해

내가 드라마 작가 교육원 첫 수업 때 꼭 해주는 이야기가 두 가지 있어.

"나는 왜 드라마 작가가 되려고 하는가를 한번 진지하게 고민해보았나요?"

그럼 보통 '무슨 그런 당연한 질문을 던지지?'라는 눈빛을 보내지만, 막상 자신이 질문을 받으면 쭈뼛쭈뼛거리며 대답을 잘 못해. 약간의 침묵 후에 "드라마로 상처받은 사람들을 위로해주고 싶어요" "저한테는 작가 DNA가 있어요" "요즘은 드라마의 영향력이 제일 큰 것 같아서요" 등등 정도 대답이 나오지.

여기서 대작가 조지 오웰 형을 한번 소환해볼까? 이 형이 우리보다 앞서 이런 고민을 하면서 정리한 게 있어.

나는 왜 글을 쓰는가?

첫 번째는 순전한 이기심. 돈도 벌고 명예도 얻고 그런 거지.

둘째는 탐미적·미학적 욕구. 예술적 본능이지. 셋째는 기록 보존의 욕구. 나의 생각과 철학을 어떠한 형태로든 남기고 싶은 본능이겠지. 넷째는 역사적·사회적 참여 욕구. 그래도 우리 사회가 더디지만 조금씩은 진보해야 하는 것 아닐까 하는 작가로서 최소한의 양심이겠지.

난 여기서 학생들한테 어떤 항목을 강조하게? 다른 것도 다 좋지만 첫 번째! 순전한 이기심. 이것을 인정해라. 자신의 욕망에 솔직하고 구체적이어야 해. 모든 인문학의 기본은 '솔직함'이다. 드라마도 예외가 아니야. 사람 마음의 바닥을 들여다보는 훈련을 너 자신부터 하라는 이야기이기도 하지. 무엇보다 그래야 오래 버틸 수 있어!

"드라마로 사람들의 상처를 위로해줄 거야"는 그다음 문제라는 거지. 일단 네가 버틸 수 있어야… 글쓰기의 잔인한 고통과 희열을 감내해낼 수 있어야… 사람들의 상처를 위로해주고 사회의 진보에 대해서도 고민할 수 있다는 얘기거든.

또 하나 잡설! 세상에는 정말 많은 직업이 있지만, 그중에는 정말 아무나 해서는 안 되는 직업들이 있다고 난 생각해.

하나, 학교 선생님. 모든 학교에 꼭 '미친 개'라는 타이틀이 붙은 선생님들이 있잖아. 그들이 학생들에게 끼치는 온갖 악영향을 생각하면 끄덕거리게 되지?

둘, 성직자. 김수환 추기경님, 문익환 목사님, 법정 스님 이런 분들만 있음 얼마나 좋을까?

셋, 배우. 배우들은 부모님께 우월한 유전자를 물려받아야만 할 수 있으니까. 그리고 라스트는 드라마 작가. 앞에서 얘기했지? 드라마는 청와대 계신 분들부터 서울역 노숙자들까지 다 본다고. 그러니 그들에게 즐거운 오락이 되어야 하는 한편, 비정한 자본주의사회에 그래도 세상 한구석에는 꼭 선의를 가진 이들이 세상을 밝히고 있어 아직도 살 만해요…. 뭐 이런 이야기 정도는 작가로서 해야 되지 않겠니?

어느 잘나가는 어르신들 모임에 본의 아니게 가게 되었는데, 그중 한 분이 그러시는 거야.

"아니 요즘 영화고 드라마고 다 좌빨들이 잡은 거 같아. 세상이 왜 이러는 거야?"

그 말을 듣고 헉! 깜짝 놀랐지. 나보고 좌빨이라고? 나 같은 로맨티스트, 아니 기회주의자한테 좌빨이라니! 거기 계신 분들이 나이는 드셨지만 나름 엄청 셀럽이었거든. 이들의 지성도 색깔론에서 한 치도 벗어나지 못하는구나 절망했지.

"선생님! 대중문화를 하는 사람들은 현실을 반영해야 하지만, 또 한편 현실에 반역해야 하는 의무가 있는 사람들입니다. 그것을 두고 좌빨이라 하심 여기 있는 저도 좌빨이겠네요. 영광입니다."

살짝 멋있지? 이 대사를 멋있게 쳤어야 했는데 못 쳤다….
심플….

내가 전에 그런 얘기 했었나?

“네 바로 앞에 있는 사람을 감동시켜라. 그럼 온 세상이 감동할 것이다”라고. 재미있고 감동적인 드라마 한 편이 네가 모르는 누군가의 삶을 얼마나 풍요롭게 해줄 수 있는지. 혹은 하늘 아래 어느 한 곳에서 삶에 지쳐 금방이라도 주저앉고 싶은 누군가를 일으켜 세울 수도 있다는 것을….

〈키스 먼저 할까요?〉를 연출하던 시절, 나에게 날아온 어느 시청자의 메일을 잠깐 볼까?

> 토요일 새벽 5시 15분 기차를 부산역에서 타고, 광명에 내려서, 다시 신림
> 신림에서 14시간 수업을 듣고, 찜질방에서 수면
> 일요일 아침부터 오후까지 수업을 듣고, 밤기차를 타고 부산으로 돌아오는 그런 생활을 하고 있었죠.
> 서울을 오가면서
> 제일 행복한 순간은 바로 집으로 돌아오는 기차였어요!
> 맘 놓고 드라마 보는 시간이거든요!!

이 친구의 아픔을 공유했더니 "나는 고시 삼수했다. 힘내라!" "대한민국을 가로지르는 그 열정만으로도 그대는 이미 열정 승리다!" "나는 그대보다 더 늦은 나이에 취업했다. 부럽다" "서울 오면 연락해라. 찜찔방 그만 가고 폼나게 우리도 호텔에서 점심 한번 같이 먹자" 같은 열화와 같은 응원 글들이 올라왔어. 무대 뒤의 또 다른 감동적인 장면이었지.

언젠가 강력반 형사들을 만났을 때 물어본 적이 있어. 이 위험하고 힘든 일을 버티게끔 만드는 동력은 무엇이냐고.

"손맛이요."

나쁜 놈들을 잡아서 수갑을 채우는 순간 자기도 모르게 느끼는 전율을 손맛이라 하더라고. 우리 드라마쟁이들은 사람들에게 어떤 식으로든 좋은 영향을 줄 때 손맛을 느끼는 거야. 그러니까 대중 앞에서 겸손해야 돼. 늘 두려움과 책임감을 가져야 하는 거고.

그리고 드라마 하는 인간들은 순정이 있어야 해. 개별적인 성질은 아주 지랄 같아도 인간을 대하는 기본 자세는 연민과 공감 능력이 있어야 하는 거지. 아무튼 훗날 네가 잘나가는 억대 연봉 작가가 되더라도 지금 이 순간을 잊지 않았으면 하는 바람이야. 이게 마지막 잔소리!

이제 우리가 작별을 고할 때가 되었나. 이 글도 엔딩을 향해 달려가고 있구나. 해피엔딩으로 해줄까, 새드엔딩으로 해줄까? 관객들은 사실 해피엔딩을 더 좋아하긴 해. 나 역시도.

작가로서의 네 여정도 해피엔딩이면 좋겠지만… 그러면 너의 성장을 지켜보는 나도 더할 나위 없이 행복하겠지만… 그 길까지 가려면 많이 힘들 거야.

아주 많이. 네가 생각하는 것보다 열 배 백 배는 더 어쩔 수 없이, 그리고 많이, 아주 많이 외로울 거야.

습작 과정은 말할 나위 없고, 간신히 우여곡절 천신만고 끝에 작가로 입봉한다고 하더라도 잊힌 작가가 되지 않기 위해 더 노력해야 할 것이고….

좋은 감독과 제작자를 만나면 너에게 훌륭한 디딤돌이 되겠으나 세상 모든 분야가 그렇듯 늘 좋은 사람들만 있는 것도 아닐 것이고. 어느 순간 네 옆에 있던 친구와 연인도 하나둘씩 떠날지 모를 일이며, 지난한 과정 끝에 네 드라마가 방송을 타게 되더라도 시청률이라는 높은 벽에 부딪힐 것이고…. 그때쯤엔 네 영혼을 팔아서라도, 악마와 거래를 해서라도 시청률을 높이고 싶은 유혹도 들 것이야. 그리고 방송 날은 점점 다가오는데 대본이 안 써지는 날엔 정말 작업실에서 뛰어내리고 싶은 미친 충동도 들 수 있고.

그때, 그럴 때 잊지 말고, 절대 까먹지 말고 "아, 옛날에 어떤 잘난 척하던 미워할 수 없는 선생님이 이런 얘길 했었는데…" 하면서 지금 들려주는 이 시를 나지막이 읊어보렴.

자야와의 사랑을 이루지 못한 백석이 1948년 해방과 함께 만주를 떠나 고향 정주로 찾아들기 직전, 신의주 남쪽 버드나무 고을에 사는 박시봉의 집에 내건 방方으로 자신의 내면 풍경을 형상화한 시야. 한국 시가 낳은 가장 아름다운 작품 중 하나라고 생각해.

남신의주 유동 박시봉방南新義州 柳洞 朴時逢方

어느 사이에 나는 아내도 없고, 또,
아내와 같이 살던 집도 없어지고.
그리고 살뜰한 부모며 동생들과도 멀리 떨어져서,
그 어느 바람 세인 쓸쓸한 거리 끝에 헤매이었다.
바로 날도 저물어서
바람은 더욱 세게 불고, 추위는 점점 더해 오는데,
나는 어느 목수木手네 집 헌 삿을 깐,
한 방에 들어서 쥔을 붙이었다.
이리하여 나는 이 습내 나는 춥고, 누긋한 방에서,
낮이나 밤이나 나는 나 혼자도 너무 많은 것 같이 생각하며,
딜옹배기에 북덕불이라도 담겨 오면,
이것을 안고 손을 쬐며 재 위에 뜻 없이 글자를 쓰기도 하며,
또 문밖에 나가지두 않고 자리에 누워서,
머리에 손깍지베개를 하고 굴기도 하면서,
나는 내 슬픔이며 어리석음이며를 소처럼 연하여 쌔김질하는 것이었다.
내 가슴이 꽉 메어 올 적이며,
내 눈에 뜨거운 것이 핑 괴일 적이며,
또 내 스스로 화끈 낯이 붉도록 부끄러울 적이며,

나는 내 슬픔과 어리석음에 눌리어 죽을 수밖에 없는 것을 느끼는 것이었다.

그러나 잠시 뒤에 나는 고개를 들어,

허연 문창을 바라보든가 또 눈을 떠서 높은 천장을 쳐다보는 것인데,

이때 나는 내 뜻이며 힘으로, 나를 이끌어 가는 것이 힘든 일인 것을 생각하고.

이것들보다 더 크고, 높은 것이 있어서, 나를 마음대로 굴려 가는 것을 생각하는 것인데.

이렇게 하여 여러 날이 지나는 동안에.

내 어지러운 마음에는 슬픔이며, 한탄이며, 가라앉을 것은 차츰 앙금이 되어 가라앉고,

외로운 생각만이 드는 때쯤 해서는,

더러 나줏손에 쌀랑쌀랑 싸락눈이 와서 문창을 치기도 하는 때도 있는데,

나는 이런 저녁에는 화로를 더욱 다가 끼며, 무릎을 꿇어보며,

어니 먼 산 뒷옆에 바우섶에 따로 외로이 서서

어두어 오는데 하이야니 눈을 맞을, 그 마른 잎새에는

쌀랑쌀랑 소리도 나며 눈을 맞을,

그 드물다는 굳고 정한 갈매나무라는 나무를 생각하는 것이었다.

_백석 시집 《나와 나타샤와 흰 당나귀》 중에서

자, 그대 가슴속에도 '굳고 정한 갈매나무' 한 그루 심어놓으시기를. 그럼 그 어떤 절망적인 순간이 와도 흔들리지 않을 것이야. 그대 앞길에 축복 있기를 빌며, 늘 그대의 일상이 축제이기를 빌며… 나의 마지막 당부는 이 시로 갈음하마.

존버하면 진짜 작가가 될 수 있냐고요?

현직 작가 4인이 명쾌하게 알려주는
드라마 작가, 그 이상과 현실

1. 〈열혈사제〉〈빈센조〉 박재범 작가 인터뷰
2. 〈해를 품은 달〉〈킬미 힐미〉 진수완 작가 인터뷰
3. 〈정도전〉〈녹두꽃〉 정현민 작가 인터뷰
4. 〈모두의 거짓말〉 원유정 작가 인터뷰

〈열혈사제〉〈빈센조〉

1. 박재범 작가 인터뷰

"진짜 좋은 사람이 좋은 작가가 되는 거예요.
이건 명제인 것 같아요."

드라마 작가는 어떻게 입봉하신 거예요?

저는 원래 독립영화를 했거든요. 제가 동국대를 나왔는데 거기서 영화를 했었어요. 그때는 극작과는 상관없었고요. 계속 영화를 하면서 입봉을 준비하다가 어느 순간 시나리오를 써야겠다고 생각해서 충무로에 있는 시나리오 교육원에 들어갔어요. 물론 6개월 다니다가 말았지만….

시나리오 작가 교육원 애들도 드라마 공모전에 작품을 내더라고요. 그래서 저도 함께 내본 거예요. 사실 전 당선작이 아니라 5명 뽑는데 6등으로 떨어졌어요. 그러니까 낙선자 중엔 제가 1등인 셈이었죠. 당시 동기 누나가 〈백년의 유산〉을 쓴 구현숙 작가였어요. 그때 당선된 친구들과 같이 작가 인턴을 하게 됐죠.

KBS에서는 공모전에 당선된 작가들을 바로 입봉을 안 시키고 주말드라마와 일일드라마 보조 작가로 보냈는데, 저는 이응진 감독님의 주말드라마 팀으로 가면서 일을 시작하게 됐어요.

드라마 작가가 된 기폭제 같은 사건이 있었나요?

그렇게 제가 1년 동안 주말드라마 보조 작가를 했어요. 그런데 1년을 하고 나니까 방송이 싫은 거예요. 그래서 다시 영화로 갔어요. 제 필모그래피가 2004년부터 2009년까지 아무것도 없는데요, 사실 그때가 태어나서 제일 열심히 하던 시절이었어요. 시나리오도 쓰고, 입봉 준비를 할 때니까요.

그런데 충무로에서 한 세 번 정도 영화가 엎어지니까 6년이 금방 가더라고요. 캐스팅이 됐는데 투자 사고가 나기도 하고, 별의별 이유로 다 엎어지더라고요. 그렇게 되니까 영화에 대한 회의가 많이 들었죠. 그러고 나서 이제 드라마로 돌아가야겠다는 생각이 들더라고요. 그때가 즐거웠으니까요. 기폭제 같은 사건이 있었다기보다는 그냥 운명적으로 드라마를 하게 되었던 것 같아요.

원래는 영화감독을 하고 싶었다고 했잖아요. 언제부터 영화를 하고 싶었나요?

저는 중학교 때부터 계속 영화를 꿈꿨었어요. 당시 B급 비디오를 엄청 봤어요. 공테이프로 복사해서 보기도 하고. 그때 〈백 투 더 퓨처〉를 보고 '세상에 저런 식의 영화도 있구나' 싶더라고요. 그걸 한 서른 번 봤나? 그 테이프 복사본을 말이죠. 세상에 이런 재미있는 게 있단 말이야? 그래서 꿈이 〈백 투 더 퓨처〉 같은 재미있는 영화를 만들어보자였어요.

요즘도 작품을 할 때 함께 이야기를 하잖아요. 그러면 결국 '재미있는 걸 하자'라는 생각이 드는데요, 그게 사실은 열네 살 때 처음 꿈꿨던 그 생각이었던 것 같아요.

영화감독의 꿈을 아직도 꾸고 계시나요?

지금도 시나리오를 쓰고 있어요. 짬짬이 시나리오 각색 같은 것도 도와주고요. 드라마 작가는 작품이 하나 끝나고 나면 비수기잖아요. 물론 다음 것을 준비하지만, 저는 그때 시나리오를 써요. 그래서 〈열혈사제〉 끝나고 잠시 시간이 비는 지금도 시나리오 작업을 하고 있고요. 뭔가 비수기를 활용한 이모작이랄까? 아내에게 앞으로 세 작품만 더 하고, 영화 하게 2년간 안식년 좀 달라고 하려고요.

당시 영화감독이 되기 위해 영화 아카데미나 영상원 같은 데는 안 다니셨어요?

저는 특이한 게 졸업하고 만화 스토리 작가 생활을 2년 정도 했어요. 졸업하자마자 당시 대학원 다니는 아는 누나에게 시나리오나 콘티를 좀 배우고 싶다고 했거든요. 그런데 그 누나가 아카데미 같은 데 가지 말고 실용적으로 배우라며 만화 스토리 작가 일을 소개해준 거예요.

만화 스토리는 시나리오처럼 쓰는 게 아니라 작가가 콘티까지 그리면서 글을 써야 했어요. 칸을 나눠 컷 사이즈 정도 등은 미리 정해서 작화팀에 보내요. 그럼 작화팀에서 그림을 그려 완성하죠.

당시 소개받은 만화 화실이 제본소용 만화를 그리는 곳이었거든요. 3층 건물에 그때까지 연탄을 때던 만화 사무실이었어요. 거기서 직접 연탄 갈면서 스토리 작가를 했는데, 그때 글을 진짜 많이 썼어요. 하이 퀄리티 글이 아니라 주로 싸우는 만화, 조폭 만화 스토리를 짜고 대사를 썼죠. 아시죠? 만화가게 가면 흔히 볼 수 있는 50권짜리 만화들. 그거 두 작품 했어요.

선생님이 대강 "이번엔 민이가 죽는 쪽으로 가라" 이렇게 가이드를 주면, 거기에 맞춰서 기계적이지만 대사를 쓰는 거죠. 제본소 만화는 되게 기계적이에요. 그래서 그때는 타이핑을 엄청나게 한 것 같아요. 선생님이 주시는 대로 각색하고 대사 치고, 그렇게 2년을 하고 나니까 이제 타이핑은 도가 텄죠.

지금 작가님의 살아 있는 대사가 그런 경험에서 나온 거군요?

이런 대본소 만화는 되게 즉물적으로 써야 하잖아요. 그때 선생님께 딱 하나 배웠어요. 어느 날 선생님이 4권에서 주인공을 낭떠러지에 떨어뜨려 죽이래요. '50권 동안 끌고 가야 되는데, 4권에서 주인공을 죽여버리면 어떻게 이야기를 이어가지?' 이런 생각이 드는 거예요. 그래서 제가 "선생님, 이건 말이 안 되잖아요"라고 했더니, "야, 무조건 저지르고 수습하는 게 작가들이야"라고 하시더라고요.

그래서 낭떠러지에 떨어뜨려 죽인 다음에는, 낭떠러지에 떨어져서 살아날 방법은 뭐가 있을까 죽어라 고민하고 찾아봤죠. 스토리를 이어가기 위해서요.

제가 스물일곱부터 서른셋까지는 독립영화 하고, 만화 스토리 작가 하고 막 이런 활동들이 혼재된 시기였어요. 그러다보니까 '글을 써야겠다, 드라마 대본을 써야겠다'라는 마음을 먹었다기보다 이런 경험이 모두 짬뽕이 되면서 이쪽으로 흐른 거죠. 그런데 저는 그게 좋았어요.

드라마 작가로 활동하면서 롤모델로 삼는 분이 있나요?

저는 드라마 작가 세계가 좋은 게, 천재가 없어서예요. 다 영재 정도의 수준이지 천재들이 없고, 학벌에 따른 차별 같은 것도 없어요. 그런데 유일하게 제가 천재라고 인정하는 작가가 두 분 계세요. 김수현 선생님하고 최완규 선배.

최완규 선배가 스토리의 틀을 잡는 것을 보면 저 사람은 천재다 싶어요. 그분 작품은 그냥 재미있어요. 김수현 선생님은 뭐 그냥 최고이시죠. 저는 알게 모르게 김수현 선생님의 영향을 받았어요. 대사 칠 때.

아무리 드라마 작가라고 하더라도 사람의 생각이나 심리 같은 걸 속속들이 파헤쳐 대사로 쓰기 힘들거든요. 보통 작가들이 대사로 구현해낼 수 있는 수준이 70퍼센트 정도라면, 김수현 선생님은 내면에 있는 생각을 대사로 구현하는 비율이 95퍼센트 이상이신 것 같아요. 기본적으로 천재적인 연상 작용이 아니면 저 생각들이 말이나 글로 나오기 힘들겠구나 싶죠.

사람들이 김수현 선생님 드라마를 대사가 많다거나 따다다 한다고 폄하하는데, 그건 우리가 스필버그 감독에게 "너 만날 애들 것만 만들더라"라고 말하는 거랑 같은 거죠. 이분들은 사실은 우리가 비평으로 접근할 수 있는 분들은 아닌 것 같아요. 스필버그 같은 사람을 비평으로 접근할 수는 없잖아요.

드라마를 쓰면서 중요하게 생각하는 부분은 무엇인가요? 혹시 그만두려고 한 적은 없었는지.

저는 시각장애인들한테도 재미있는 드라마, 시각장애인들이 재미있게 듣기만 해도 좋은 그런 드라마를 쓰는 게 목표예요. 라디오 드라마가 아니라 일반 드라마로서 말이죠. 그게 제일 잘 맞는 게 사실 김수현 선생님 작품들이고요. 지금도 작품을 들어갈 때마다 무척 신경 써요. 시각장애인도 내용 다 알게 되고, 등장인물의 기분이 어떤지 알게 되고, 감정이입하면서 알 수 있게 쓰도록 말이죠.

저는 약간 글뽕이 있는 것 같은데, '이 드라마를 썼을 때 누군가 좋아하겠지?'라고 생각하는 게 좀 강해요. 그래서 사람들이 제 드라마를 본다는 데 좀 더 짜릿함을 느끼는 것 같아요. 덕분에 다행히 그만두고 싶었던 적은 없어요.

내 마음속의 영화나 고전 같은 것은 있으세요?

저는 특별히 보라고 그러는 것은 없어요. 상업 작가인 이상 몽땅 챙겨 보라고 그래요. 굳이 어떤 것을 정해서 보라고 하지 않아요. 사람의 상상력이라는 게 그냥 멀뚱히 가만히 있다고 나오는 것이 아니라, 기본적으로 내가 보고 경험한 것들이 불연속적으로 결합해서 나오거든요.

무엇이든 어떤 장르든 보게 되면 그 이미지나 내용, 잔상이 잠재의식 속에 쌓이기 때문에 꼭 어떤 것을 봐야 한다는 의식 말고 잠재의식을 채우라고 그래요. 일단 내 시각을 거쳐간 것은 어떤 식으로든 저장이 되니까 무조건 시간이 있을 때마다 가능한 것들을 다 보라고 하죠.

제가 그걸 어떻게 느꼈냐면, 드라마 쓸 때 딜레마에 빠졌던 적이 있어요. 저도 외골수다 보니 보고 싶은 것만 보고 그것에 맞춰서 대본을 쓰곤 했거든요. 그런데 얼마 전 제가 수술을 하고 1인실에 들어가 있는데, 일주일 동안 할 일이 없는 거예요. 그래서 그 기간 동안 정말, 이 나라에 존재하는 예능과 교양 프로그램을 다 봤어요. 그리고 나온 게 〈김과장〉이었어요.

예능이나 교양을 보면서 뭔가 세상이 돌아가는 것들에 대한, 트렌드에 대한 생각이 정리되었달까요? 아니면 사람들의 욕망에 대한 정리? 그런 정리가 되니까 지금까지 내가 좀 마니악하게 모든 자료들에 접근했던 것은 아닌가 싶더라고요.

그때 입원해서 봤던 게 제 터닝 포인트가 되었어요. 그래서 어느 순간부터 저는 대본을 쓸 때 텔레비전을 24시간 내내 켜놓는 게 버릇이 됐어요. 보지 않아도 켜놔요. 이제는 매체들도 많고 매체들이 갖고 있는, 욕망을 유혹하는 포인트도 다 다른 것 같아요. 그래서 교양이나 예능이 건드리는 것들을 드라마 작가도 차용해서 쓰는 게 좋다고 생각해요.

반대로 제가 작가 지망생들에게 하나 안 시키는 건 있어요. 필사예요. 요새는 서사 중심 드라마, 캐릭터 중심 드라마 등등 무척 다양한 드라마가 있는데, 뭐 하나만 열 번 베껴서 익힌다고 되는 게 아니거든요. 한두 스타일만 익혀갖고는 드라마 작가를 할 수가 없어요.

본인만의 착상 방법이 따로 있으세요?

지금 써야 할 것이 안 써질 때면 다른 아이템을 생각해요. 현재 작품과는 거리를 두고 아예 다른 장르를 생각하죠. 예를 들어 코미디물을 쓸 때는 호러 장르를 생각한다거나 해서 좀 빠져나오려고 해요. 그냥 가만히 쉬면 자꾸 쓰던 대본이 생각나서 안 되겠더라고요.

예전에 써놓은 것들을 살펴보다 보면 머릿속이 좀 정리가 되기도 하고, 거기서 막힌 것을 풀어나갈 수 있는 힌트를 얻기도 해요. 전혀 다른 내용이지만. 그런데 웃긴 게 뭐냐 하면, 그렇게 다른 아이템으로 생각해놓은 것이 작품화된 적은 한 번도 없다는 거예요. 그냥 머리 식히기용인 거죠.

작가 지망생에서 진짜 드라마 작가로 데뷔하려면 얼마나 걸린다고 생각하세요?

5년 이하는 꿈도 꾸지 말라고 말해요. 기본 5년 정도까지는 꾸준히 훈련해야 해요. 5년 정도면 '내가 이제 초짜는 아니구나' 그 정도고요. 여하간 당선이 되든 어떻든 매달 몇십만 원이라도 글로 밥을 먹게 되려면 5년 정도는 제대로 해야 하죠.

5년 정도면 잘 쓰는 친구들은 당선이든 계약이든 뭐든 돼요. 그런데 요즘은 다들 마음이 너무 급해서, 2년이면 다 배운 줄 알고 조급해하더라고요. 2년이면 이제 원고지 채울 정도만 할 줄 아는 정도인데….

제가 보기엔 글을 잘 쓰려 하기보다는 빨리 작가가 되고 싶은 친구들이 많은 것 같아요. 그냥 빨리 작가 명함을 받고 싶은 욕심이 더 큰 거죠. 이런 얘기 하면 사람들이 꼰대라고 할지도 모르는데. 진짜 작가로 혼자 서려면 그 5년도 혹독하게 해야 하거든요. 쉬지 않고.

작가님의 아픈 손가락 같은 작품은 있나요?

망한 작품이 제일 가슴 아프죠. 제게는 〈블러드〉예요. 대본은 다른 것들보다 훨씬 공들여 썼거든요. 〈블러드〉는 메디컬 드라마이기도 하고, 판타지 드라마이기도 했어요. 그런데 쓰면서 느낀 것이 처음에 서로 간의 결이나 의견들이 맞지 않을 때 이걸 제대로 봉합하고 가지 않으면 결과도 좋지 않게 나오는 것 같아요.

그때 제가 하루에 담배 다섯 갑을 피웠거든요. 보통 하루 세 갑을 피는데, 시청률이 너무 떨어진 것을 보고 스트레스를 받아 다섯 갑을 피웠어요. 그런데 그다음 날 일어나는데, 들숨이 안 쉬어지는 거예요. 그때 큰일 나겠다 싶어 바로 담배를 끊었죠.

하지만 망해보니까 뭔가 얻는 것들이 있더라고요. 글보다도 제작사나 감독님과 잘 맞춰가야 한다는 것을 많이 배웠죠.

작가님은 대사를 어떻게 쓰는 스타일이세요?

극작 수업 때 대사를 제일 마지막에 가르쳐요. 왜 끝 단계냐

하면, 배우는 데 시간이 너무 많이 들어서 그래요. 사람마다 말하는 스타일도 말투도 타고난 것이 있어요. 이건 그냥 단순히 듣고 본다고 되는 것이 아니라 진짜 숙련도에 비례하는 거예요. 무조건 많이 쓰는 수밖에 없는 것 같아요.

대사에 대한 감을 타고나지 않은 경우에는 어느 정도 훈련으로 극복할 수밖에 없고, 타고난 사람들은 그냥 하게 되는 거고. 저는 이거는 아무리 봐도 왕도는 없는 거 같고, 숙련도밖에 답이 없는 것 같아요.

숙련하기 위한 여러 방법 중에서 하나만 왕도를 가르쳐드리자면, "되도록이면 자기 말투나 가장 가까운 사람의 말투를 100퍼센트 넣어서 해라. 없는 사람 말투 말고…"예요. 그렇게 하는 수밖에 없어요. 가장 잘 아는 사람의 말투를 그대로 음운 하나까지 파악해서 대사를 쓰세요.

저는 지금까지 드라마의 주인공들이 전부 제 말투였거든요. 욕 하나까지도. 간혹 교육생들한테 이렇게 얘기해요.

"조용한 술자리에서 친구들 얘기를 한번 녹음해봐. 그게 가장 살아 있는 대사거든. 다들 기본적으로 말하는 투가 있을 거야. 투덜거리고 화내고. 그다음에 자기 말을 객관적으로 한번 들어봐. 그 말투가 제일 쓰기 쉬우니까"라고 말하며 위의 방법을 제일 많이 추천합니다.

처음 드라마를 배우는 친구들은 대사를 글로 파악하는 경우가 있어요. 그래서 자꾸 독해하고 판독하려고 그래요. 하지만 대사는 좀 더 청각적으로 다가와야 해요. 그래야 생생한, 라이브한 대사를 쓸 수 있어요. 그래서 저는 대사를 쓰고 난 후 반드시 읽어봐요. 말로 표현해서 어색하지 않은지요. 대본에 나온 모든 인물의 대사를 소리 내서 읽어본 후 조사나 어색한 말은 되도록 지우죠.

말이 될 때까지. 자연스럽게 될 때까지 해봅니다. 되게 민망할 정도로 계속 말해요, 계속. 그런데 이렇게 계속하다 보니까 글이 늘어야 하는데, 연기력이 늘어요. 하하하.

드라마 작가 지망생들에게 해주고 싶은 말이 있다면?

자기의 일상을 좋아하고, 자기 삶의 방식을 즐기는 친구들이 좀 더 영감이 빨리 오고, 저도 그런 것 같아요. '난 이걸 좋아해!'가 많은 친구들이 확실히 영감도 빨리 떠올리고, 소재도 되게 신선하게 만들어요. 반면 오직 글 쓰는 것에만 관심 있는 친구들이 있잖아요. "아, 난 그거 지겹고 여행을 왜 떠나야 하는지도 모르겠어" 이렇게 말하며 그냥 앉아서 글만 쓰는 친구들은 영감이 잘 떠오르지 않죠.

저는 제 주변 상황에서 재미있는 소재를 찾는 것을 좋아하거든요. 〈김과장〉 같은 경우에는 군산 여행 가서 아이템을 찾았어요. 군산에 유명한 한일옥이라는 뭇국집이 있어요. 거기서 뭇국을 먹고 나와서 커피 마시며 앉아 있는데, 멀리서 스쿠터를 타고 공장 점퍼 같은 것을 입은 분이 기다란 담배를 피면서 다가오는 거예요. 그분이 한일옥 앞에서 스쿠터를 세우더니 사람들과 이야기하는데, 얼마나 오지랖이 넓은지, 그게 오히려 사짜처럼 보이더군요.

사람들이 그분에게 "어이, 김 과장"이라고 부르더라고요. 그걸 옆에서 보는데, 너무 재미있는 거예요. 그래서 '다음 드라마는 무조건 〈김과장〉이다!' 이렇게 된 거예요. 그런데 이런 작은 에피소드는 누군가는 그냥 흘릴 수도 있는 거거든요. 드라마 작가라면 이런 착상들을 잡아내야 해요.

작가님이 생각하는, 공감을 얻는 스토리텔링의 핵심은 무엇인가요?

현시대를 살아가고 있는 사람들의 욕망을 따라가는 것이 핵심이라고 생각해요. 스토리는 기본적으로 욕망에서 시작하니까 지금 사람들이 가장 바라는 것이 뭔지 작가는 알고 있어야 한다고 생각해요. 사람들의 트렌드를 읽는 거죠.

'지금 사람들은 당장 어떻게 하기를 바라지?' 이런 욕망을 구체화하는 게 스토리텔링의 기본 같아요. 이 시대가 바라는 욕망의 핵심을 자기 나름대로 해석한 후, 사람들의 그런 욕망을 채워주는 거죠.

예를 들어 나쁜 정치가는 망하고 좋은 정치가가 잘되는 것이 사람들의 욕망이 아니라, 사실은 나쁜 정치가가 출세 가도를 달리고 있는데 막 창피를 당하고 두드려 맞는 것. 저는 그런 게 사람들의 욕망으로 보이는 거예요. 이런 욕망을 도덕률이 용인하는 한에서 표현하는 것이 제 스토리텔링의 출발점이죠.

〈열혈사제〉를 쓸 때도 마찬가지였어요. '요새 사람들의 욕망이 뭐지?'라고 생각하니 혼내는 거잖아요. 못된 놈들을 혼내는 건데, 검사나 변호사가 나와서 법적으로 혼내는 거는 많이 다뤘고, 그래서 이제 혼내는 것이 자연스럽죠. 그런데 혼내는 게 모순되는 사람은 누구이고, 혼내는 게 부담스러운 사람은 누구일까 생각했을 때 '성직자'가 떠올라서 그렇게 간 거예요.

〈김과장〉이든 〈열혈사제〉든 코믹한 요소가 많은데요, 이런 드라마는 웃기는 요소를 미리 생각하고 쓰나요? 예상치 못한 곳에서 빵 터진 부분은 없었나요?

드라마를 보는 사람들은 작가가 직감적으로 웃긴 장면이나 내용을 넣는다고 생각할 텐데, 사실 코미디 드라마는 스릴러 드라마보다 설계도가 더 철저해야 해요. 처음부터 설계도를 자세하게 그리지 않으면 망해요. 의외로 터지는 부분이 있긴 한데, 그게 크게 차이 나지는 않아요.

특히 지상파 드라마 같은 경우는 설계도가 제대로 안 나와 있으면 중구난방으로 흐르기 쉬워요. 지상파 드라마는 어머니도 웃으셔야 하고, 제 여덟 살 아들도 웃어야 되고, 진짜 고학력자도 웃어야 되고, 저학력자도 웃어야 되기 때문에 설계도를 짜기가 쉽지 않죠. 그래서 매번 한 화에서 흔한 말로, '뭘 좋아할지 몰라서 모든 걸 다 준비했어' 식으로 코미디 요소가 들어가요.

'아, 이 부분은 아이들도 편하게 웃을 수 있는 직관적인 코드를 넣자, 이건 사유하는 느낌의 코미디를 좀 넣자, 여기엔 요새 좋아하는 병맛을 넣자.' 이런 식으로 대사나 장면들을 계산해요. '이번에는 맨 마지막에 모든 사람이 다 웃어야 하니까 똥으로 끝내자. 똥은 아무튼 웃잖아.' 초반부에는 여하튼 그렇게 해서라도 터뜨려요.

코미디 드라마가 힘든 게, 이게 유치원생들과의 싸움이에요. 저보다 저학력인 시청자들을 웃기려면 제 식의 유머만으로는 안 되잖아요. '야, 이걸 이렇게까지 해야 되나…' 싶을 때 빨리 치고 나가야 해요.

대본을 쓰다 보면 보조 작가들이 "선생님, 이걸 꼭 이렇게 해야 해요?"라고 물어오기도 하거든요. 그럴 때는 "하자, 이게 우리가 살길이야"라고 말하죠. 하하하. 그게 계산이 안 되면 힘들어져요.

코미디 드라마는 좀 더 텍스트화해서 좀 더 폭넓게 강의를 했으면 좋겠어요. 장르로서 코미디는 좀 많이 힘든데 실제로 제대로 알려주는 곳은 없거든요. 정말 코미디 드라마는 너무 힘들어요. 막말로, 울면서 쓰는 게 코미디예요. 진짜.

드라마 쓸 때 어떤 부분에서 희열을 느끼시나요?

사람들이 제 드라마를 보고 좋아할 때죠. 그 모습을 보면 희열이 쫙 몰려와요. 저는 인터넷에 떠도는 드라마 평은 전혀 신경을 안 써요. 아무리 뭐라고 해도 1도 신경을 안 쓰죠. 여기 쓴 사람이 저기도 쓰고 다른 데도 쓰고 그러거든요.

제 작가실이 시장통 쪽, 유흥가 쪽에 있거든요. 저는 대본 쓸 때 시끄러운 것에 구애를 받는 편이 아니어서 그런 데가 좋아요. 그 시장통 안에 찜질방이 있는데요, 찜질방에 가보면 텔레비전이 네 대 정도 있어요. 남탕에 하나, 여탕에 하나, 그리고 가운데 양쪽에 둘. 그런데 제가 여탕은 못 보니까 빼고, 나머지 세 대에 제 드라마가 켜져 있으면 '뜨겠구나' 싶죠.

그런 찜질방에서 보면, 낮에는 일용직 일을 하고 밤에 거기서 주무시는 분들이 계세요. 그분들이 보면서 웃는 드라마를 썼을 때 가장 뿌듯하죠. 보통 그런 분들은 찜질방 평상에 앉거나 비스듬히 누워서 피식피식 웃으며 보시거든요. "저 드라마 재밌네" 하시면서요.

그런 분들이 드라마에 대한 무슨 이론이나 지식이 있는 건 아니잖아요. 그냥 직관적으로 보면서 즐거워하시는 거죠. 그런데 그런 분들이 좋아할 때 저도 가장 좋더라고요.

그래서 저는 찜질방 가면 꼭 평상에 앉아서 같이 드라마를 봐요. 그런데 옆에서 아저씨들이 막 웃어…. 그럴 때 참 좋아요.

마지막으로, 드라마 작가의 꿈을 이루고 싶은 사람들에게 해주고 싶은 이야기는 무엇인가요?

드라마 작가가 되려면 기본적으로 내가 진짜 이걸 좋아하고 있느냐가 중요해요. 어느 한순간이라도 권태나 싫증을 느끼지는 않았는지 자문을 해봐야 해요. 그런 권태기가 오면 글을 못 쓰더라고요. 잘 이겨내야 하는데, 그게 쉽지도 않고요. 마지막으로, 진짜 좋은 사람이 좋은 작가가 되는 것 같아요. 사람에 대한 관심과 시선을 늘 따뜻하게 갖고 갈 수 있는 작가가 될 수 있도록 늘 노력하면 좋겠어요.

〈해를 품은 달〉〈킬미 힐미〉

2. 진수완 작가 인터뷰

"작가는 자신의 포텐을 잘 만드는 것이 중요한 것 같아요."

보통 작가로 데뷔하기 위해서는 교육원을 거치는데, 작가님은 교육원을 통하지 않고 등단하신 것으로 알고 있습니다. 어떻게 드라마 작가가 되셨나요?

아예 안 다닌 것은 아니고, 옛날에 한겨레문화센터 같은 곳에서 작가 교육 특강 같은 것을 들었어요. 그렇게 드라마 메커니즘을 조금 배웠고, 작가협회에서도 기초반을 몇 번 다니다가 아르바이트 때문에 시간이 안 맞아 마치질 못했죠. 당시 보습학원에서 아이들 국어, 논술 등을 가르쳤거든요.

그러면 혼자 습작을 하셔서, 그 작품이 당선된 거군요?

사실 습작도 그렇게 많이 못 했어요. 저는 당선작이 처음으로 처음부터 끝까지 쓴 작품이었어요.

처음으로요?

네, 매번 중간까지 쓰다가 결국 못 쓰곤 했는데, 그러다가 처음부터 엔딩 신까지 간 것이 그 당선 작품이었죠.

첫 작품으로 당선되기가 쉽지 않은데, 대단하세요. 그때가 언제죠?

시대가 좋았던 것 같아요. 당선은 1996년도에 되었죠. 제가 학원 강사를 잠시 하다가 구성 작가를 하게 되었어요. 당시 케이블 TV가 막 생겨나기 시작한 시대였거든요. 친구가 구성 작가 학원엘 다녔는데, 얘가 일이 많으니 나보고 하나 하라는 거예요. 그런데 사실 저는 구성 작가가 뭐 하는 것인지 전혀 몰랐어요. 학원을 안 다녔으니까요.

일단 면접을 보고 몇 개 쓰면서 할 줄 아는 척을 했죠. 그때 복사기 옆에 파지 놓는 데가 있었는데, 그 파지의 대본들을 보면서 '아, 이렇게 쓰는 거구나' 알아가면서 케이블 TV 구성 작가를 1~2년 정도 했죠. 교양 프로그램도 하고, 어린이 프로그램도 하다가 당선이 된 거예요.

당선되신 소감은 어땠나요?

당연히 너무너무 좋았죠. 제가 드라마 공모전에 대해 얼마나 몰랐냐 하면, MBC 공모전에 거의 56페이지짜리를 낸 거예요. 단막극인데. 나중에 보니까 매수 기준이 있더라고요. 그렇게 배우면서 다른 곳에도 응모하고 그랬죠.

당선된 후에는 단막극을 몇 개 정도 쓰셨어요?

저는 단막극을 많이 했어요. 제가 1996년도에 당선되었잖아요. 그런데 우리 기수가 불행한 것이, 보통 단막극에 당선되고 나면 1년 정도 인턴 작가 생활을 하거든요. 그런데 IMF가 터져버렸어요. 당연히 드라마 제작 편수도 줄었죠. 이렇게 되니, 우리 기수에겐 기회가 안 온다는 생각들이 많았어요. 다시 공부하고, 다시 공모전 응모하고, 무엇이라도 돈이 되는 것은 다 해야 했어요. 그렇게 일을 했던 것이죠. 제가 단막극을 10개 넘게 쓴 것 같아요.

단막극을 그렇게 많이 쓰게 된 이유가 있으신가요?

저는 감독님들에게 콜이 좀 많이 들어온 편이었어요. 그래서 특집 드라마 같은 것도 하고 그러니까, 신입 감독님들의 입봉작 드라마를 많이 쓰게 되었어요. 그런 다음에 〈학교〉라는 드라마를 썼는데, 제 당선작이 〈소년기〉라고 열다섯 살짜리 소년이 정체성을 찾아가는 이야기거든요. 그러다 보니 학교 이야기를 쓰면 잘할 것 같다고 해서 쓰게 되었죠. 미니시리즈를 쓰고 나서도 단막극을 많이 썼어요. 그때는 열정과 체력이 넘칠 때였죠.

선생님께서 쓴 <아름다운 청춘>이라는 드라마는 저도 인상 깊게 봤어요. 너무 좋더라고요.

그건 주제 의식이 있는 작품인데, 제가 사실 그때 〈라이벌〉이라는 골프 소재 미니시리즈를 준비하고 있었어요. 그런데 이 미니시리즈가 완전 트렌디한 드라마거든요. 그래서 〈아름다운 청춘〉을 본 감독님이 너무 걱정을 하시는 거예요. 이렇게 무거운 주제를 쓰는 작가가 트렌디 드라마도 쓸 수 있을까 하고요.

그렇다면 <라이벌>이라는 드라마는 어떻게 쓰셨어요?

이 드라마는 당시 코오롱스포츠에서 지원을 받아 제작을 했어요. 그러다 보니 소재 같은 것이 다 정해진 상태였어요. 무조건 골프 이야기를 해야 하는 거였죠. 그다음에 감독님이 "나 아예 콩쥐팥쥐 할 거야"라며, "악녀가 나와서 판 칠 거야. 쓸 수 있겠어?' 라고 물으시는 거예요. 사실 전 악녀가 나오는 동화 이야기 같은 건 한 번도 안 써봤거든요. 그래도 해보겠다고 했죠. 그런데 시놉이 나온 상태에서 〈아름다운 청춘〉 단막극을 본 거예요.

감독님이 제게 계속 "코믹할 수 있겠어? 악녀 쓸 수 있겠어?"라고 물어보시는데, 자꾸 그러니까 열받더라고요. 그래서 트렌디 드라마를 써보기 시작했죠. 이 드라마를 통해 제가 자본의 논리를 배운 것 같아요. PPL이라는 말을 이때 처음 알게 되었죠.

선생님은 대본이 막힐 때, 글이 안 써질 때 어떻게 하세요?

저는 늘 안 써져요.

늘 안 써져요! 명대사다. 글은 늘 안 써진다.

예전에는 대본이 안 써지면 주변 사람들에게 말을 하면서 풀었어요. 내가 쓰고 있는 대사를 들려주기도 하고요. 그러다 보면 상대방이 재미있어하는지, 그렇지 않아 하는지가 느껴져요. 그럼 이야기를 더 확장시키거나, 아니면 빼버리기도 하고 그랬죠. 보조 작가들이 생기면서부터는 보조 작가들과 이야기를 많이 했는데요, 그 과정에서 아이디어가 떠오르는 경우도 있고 그랬죠. 그런데 이제는 연차가 조금 쌓이니 그것도 힘들더라고요. 그래서 회의하면서 말로 푸는 스타일? 아니면 요즘은 막히면 좀 자는 편이에요. 자면서 체력이라도 보충하자.

예전에 체력이 넘칠 때는 대본이 안 풀리면 영화를 보러 가거나 공연을 보러 가곤 했는데, 요즘엔 체력도 안 되고, 코로나19 때문에 어디 가기도 애매하잖아요. 결국 잠이 보약이다, 하고 자는 거죠.

체력 이야기가 나와서 말인데, 작가님은 따로 운동하시는 것이 있나요?

저는 운동하곤 담을 쌓은 스타일이에요. 그런데 진짜 오랫동안 쓰려면 운동을 해야겠다는 것을 요즘 절실하게 느껴요. 이번 드라마 끝나면 PT를 받아보려고요. 운동을 열심히 해서 몸을 만들어야 좀 더 마지막까지 꾸준히 쓸 수 있을 것 같아요. 그렇다고 욕심이 많은 것은 아니고, 여기서 두세 작품만 더 하면 나쁘지 않은 인생이다 싶어요.

예전에 비해 콘텐츠가 너무 많으니까, 내가 기막힌 아이디어라고 생각한 것이 어딘가에서 이미 비슷하게 만들어지고 있는 상황이 많이 벌어지더라고요. 그러다 보니 예전만큼 드라마 쓰기가 흥이 안 나요. 그럼에도 제가 스스로에게 이야기하는 것이 '조금씩이라도 매일 쓰는 것이 정답이다'라는 거였어요. 포스트잇에도 써놨답니다. 왜냐하면 오늘 여기까지 끝내겠다고 늘 욕심을 부리지만, 그렇게 된 적이 없거든요. 지금 쓰는 것도 원래는 2월에 대본을 털 생각이었는데, 몇 개월 지난 아직까지도 잡고 있어요. 그렇게 끝내기엔 체력도 받쳐주지 못하니까, 그래서 '대본을 안 쓰는 날만 없게 하자'고 마음을 먹은 것이죠. 안 써진다고 해도 '한 신만 쓰자' 이렇게 스스로를 달래가면서요.

제가 얼마 전 <멘탈코치 제갈길>을 만들 때, 그 드라마 작가님이 해준 이야기인데요, 드라마 작가는 보라색 피를 흘린다고 해서, 자신은 안 믿었는데 이후에 자신이 직접 보라색 피를 흘리고서야 그 말이 진짜라는 걸 알았대요. 그만큼 작가라는 직업이 고통스러운 것 같아요.

드라마 작가가 정말 힘든데, 사람들은 작가의 고통의 색깔은 잘 모르는 것 같아요. 보통 힘들 때는 명확한 이유가 있잖아요. PD가 힘들다고 하면, '사람들이 말을 안 들어서 정말 그렇겠다'라고 생각하듯이요. 그런데 드라마 작가들은 그게 잘 안 보이니, 얼마나 힘든지 모르는 것 같아요.

오히려 "너희는 더우면 에어컨 켜고, 추우면 난방 잘 들어오는 곳에서 일하잖아"라고 하는데, 이게 글 감옥이에요. 얼마나 나가고 싶은데, 못 나가고 작품을 만들어내야 하는 거죠. 그러면서 자꾸 무엇인가를 새로 써내라고 하니, 뭔가 나의 창작력을 끝까지 소비시키는 것 같은 느낌이에요. 그만큼 괴로운 것이지요.

드라마 작가 지망생들이 가장 궁금해하는 것이 대삿발인 것 같아요. 드라마 대삿발. 어떻게 해야 잘 쓸 수 있을까요? 타고나는 겁니까?

김수현 선생님이나 김은숙 작가님 보면 타고나는 것 같아요. 이런 분들껜 작가 고유의 지문 같은 것이 있어요. 제가 작가지망생들을 가르쳐보기도 했는데, 그해에 인기 있는 작품이 있으면, 그 드라마의 대사를 흉내 낸 습작들이 나와요.

예를 들어 김은숙 작가님은 티키타카나 말장난 또는 설레는 대사를 되게 잘 쓰시는데, 박경수 작가님은 뭔가 사건을 돌려서 이야기하는 스타일이에요. 그런 것들을 흉내 내면 여지없이 그 티가 나는 것이죠. 결국 김은숙 작가님 대삿발은 김은숙 작가님만 가능하고, 박경수 작가님 대삿발은 박경수 작가님만 가능하다는 말이에요.

물론 드라마는 꼭 대삿발만으로 움직이는 것은 아니에요. 게다가 대삿발이라는 것이 작가마다 고유의 색깔이 있다 보니, 어느 정도 훈련은 되지만 결국 대사를 멋있게 만드는 재능은 타고나는 것 같아요.

저는 김수현 선생님이나 김은숙 작가님 대사는 똑같이 써서 흉내 내보라고 해도 못 쓸 것 같아요.

아니, 작가님도 잘 쓰시잖아요. 지망생들이 너무나 부러워하는 리듬감 있는 대사를 만들어내시잖아요.

그건 제 말투예요. 제가 리듬감 있는 대사를 좋아해서, 어느 순간 드라마를 풀어야 할 때 대사를 통해 풀기도 해요. 그런데 너무 '입전개'가 되면 대사의 맛을 못 살릴 수 있어서 주의하죠.

드라마 작가는 캐릭터와 상황에 맞춰 인물들의 개성을 잘 끄집어내야 하잖아요. 그러려면 자기 안에 다양한 캐릭터를 갖고 있어야 한다고 하는데, 그 표현에 동의하시는 편이세요?

내 안에 내가 많다는 거죠? 제가 다중인격 이야기인 〈킬미 힐미〉 드라마를 썼을 때, 제일 많이 들었던 질문이 다양한 인격

중에 누가 가장 나랑 닮았는가 하는 거였어요. 그러면 제가 항상 뭐라고 답하는가 하면, 글 쓰는 캐릭터였던 박서준을 많이 닮았다고 했어요. 그런데 주변 사람들은 그렇게 생각하지 않더라고요. 학생들에게 물어보면 "아, 작가님은 리진이지. 그 황정음 캐릭터 닮았지"라고 이야기를 하는 거예요.

그러니까 내가 보는 나와, 다른 사람이 보는 나는 많이 다르다는 것을 느끼고, 내가 모르는 면이 내게도 있구나, 느낄 때가 있죠. 저를 되게 차갑게 보는 사람도 있고, 순둥이로 보는 사람도 있고, 예민하게 보는 사람도 있고, 털털하게 보는 사람도 있죠. 어떻게 보면 그때그때 내가 내 안의 가면을 갈아끼웠기 때문이 아닐까 싶어요.

그러니까 비즈니스 마스크가 됐든 어떤 사람이 좋아서 나를 다 보여줬든, 어느 시기에 나를 만나느냐에 따라서 내 모습이 다르잖아요. 드라마도 마찬가지인 것 같아요. 드라마 쓸 때도 내가 지금 어느 상태인지에 따라서 그런 캐릭터들이 나오는 거 같아요. 내가 업되어 있고 ENFP 상태면 되게 밝은 것들이 잘 써지고, 내가 조금 디프레스되어 있는 상태면 어두운 캐릭터가 잘 나오는 식이죠. 이럴 때 몰입이 되니까.

이야기하다가 MBTI가 나왔는데, 선생님 원래 MBTI는 뭐예요?

전 INFP하고 ENFP가 좀 왔다 갔다 하고, 어느 때 보면 뒤가

J로 바뀌기도 해요. 그러니까 I하고 E가 왔다 갔다 하고, P하고 J가 왔다 갔다 하는데 가운데 있는 NF는 안 바뀌더라고요.

저는 가운데가 S여서 절망했어요. 드라마 작가가 되기 위한 재능이 따로 있을까요? 가끔 작가 교육원에서 애매한 재능을 가진 친구들을 보면, 이걸 단호하게 이야기해줘야 맞는 것인지 아니면 본인이 원하는 대로 끝까지 할 수 있게 해주는 게 맞는 것인지 헷갈릴 때가 있어서요.

그게 시대가 좀 바뀌었더라고요. 정말 어렵게, 힘들게 올라온 지망생들이거든요. 이게 진짜 어떻게 보면 승급 심사잖아요. 그걸 뚫고 올라온 애들에게 그만두라고 해도 절대 안 그만두지요. 저는 그냥 "할 수 있을 만큼 해봐"라는 이야기를 해요. 내가 뭐라고 그들의 열정을 막겠어요. 게다가 너무 못 썼던 친구가 갑자기 같은 작가가 썼나 싶을 정도로, 무슨 일이 있었나 싶을 정도로 잘 쓰는 경우도 있어요. 그런데 내가 발견을 못 한 것이지요.

저는 개인적으로 작가에게는 문리 트이는 시기가 있다는 생각이 들어요. 처음에는 뭔지 모르고 우왕좌왕하는데, 어느 순간 '이제 알겠어' 하고 문리 트이는 시기가 오면, 그때까지 쌓았던 내공이, 포텐이 터지는 거죠. 그게 안 오면 작가를 못 하는 것이고요.

그리고 요즘은 드라마 작가 수요가 많아져서, 전문반만 가도 여기저기서 계약을 하자고 그래요. 그런데 그럼에도 문장이 안 되는 친구들은 결국 작가가 못 되는 것 같아요.

생각보다 요즘 문장을 제대로 못 쓰는 친구들이 많아요. 그러니까 주어와 서술어가 제대로 맞지 않는 글을 쓰는 친구들이 많단 얘기예요. 시놉시스를 보면 바로 알거든요. 주어를 은/는/이/가로 시작했는데, 서술어가 다르게 끝난달까? 게다가 단어의 뜻을 잘못 알고 있다거나, 오타가 너무 많아서 '이건 오타가 아니라 진짜 모르는 건데' 싶을 정도인 경우도 있어요. 이건 사실 작가로서 기본기가 없는 것이기 때문에 그런 친구들은 잘 안 되더라고요.

보통 드라마는 '말로 하는 문학'이라는 표현을 쓰잖아요. 드라마 대본에서도 '문장'이 정말 중요하군요?

문장이 안 되는 친구들은 대삿발에만 의지하는 경우가 많아요. 말만 재미있게 쓰려고 하는데, 사실 대사도 문장이 되어야 재미있게 전달할 수 있어요. 대본을 쓰다가 너무 길고 재미없을 때, 좀 더 재미있게 전달하기 위해 대삿발을 살리는 것인데, 말장난만 배운다고 대본이 만들어지는 게 아니거든요. 김은숙 작가님 보면 서사가 되게 좋아요. 서사와 구성이 잘 쌓이니 대삿발이 사는 거거든요. 그런데 아마추어들한텐 드라마의 서사와 구성은 안 보이고 대삿발만 들리는 거예요. 그러다 보니 대사만 잘 치면 스타 작가가 될 수 있다고 착각하는 거지요.

드라마 작가와 감독의 궁합 같은 게 있나요? 아니면 배우와의 궁합?

저는 열정을 다해 썼는데, 내가 그림을 그려둔 배우가 붙지 않으면 사실 힘들죠. 어떤 드라마는 배우는 정해졌는데, 감독님이 안 정해지기도 하고, 또 어떤 드라마는 감독은 정해졌는데, 배우가 안 정해지기도 해요.

그런데 중요한 것은, 그 역을 맡고 싶은 배우가 열정을 다해 연기를 했을 때 시너지가 생기고 드라마도 잘 되더라고요. 〈킬미 힐미〉의 경우 다중인격을 연기해야 하다 보니, 여러 배우들이 역할을 거절했어요. 잘해야 본전이고, 자신의 연기력만 다 드러난다고요. 주연 남자 배우뿐만 아니라, 여배우는 자신이 뒤에서 받쳐주는 역할인 게 싫다고 하고, 조연도 섭외가 어려웠어요. 하지만 이 역할에 딱 맞는 배우들이 맡아주니 정말 잘 되겠다는 생각이 들더라고요. 지성 배우가 자신이 하고 싶다는 열의를 보였고, 황정음 배우는 여주인공 역할에 딱이었고, 당시 박서준 배우가 한창 라이징 스타였는데 이 드라마 서브 역할을 기다려서 해주었어요. 덕분에 정말 좋은 작품이 나왔죠.

드라마 외에 영화 시나리오를 쓰자는 제안은 안 받으셨나요?

예전에 몇 번 제안을 받았어요. 그런데 영화는 작가보다는 감독의 영역이 더 큰 것 같아요. 감독의 요청에 따라 시나리오 수정도 계속 해야 하고요. 반면 드라마는 작가의 영역도 분명히 보장되는 분야인 것 같아요. 그래선지 저는 앞으로도 드라마를 주로 쓰게 될 것 같아요.

작가님은 롤모델로 삼는 작가가 있으세요?

너무 많죠. 그중에서 제가 드라마 작가를 하고 싶게끔 만든 작가님들이 있어요. 김수현 선생님하고 송지나 작가님하고 김운경 선생님, 세 분이에요. 김수현 선생님 작품은 제가 초등학생 때부터, 당시는 국민학생이라고 했죠, 초딩 때부터 어른이 될 때까지 본 것이잖아요. 김수현 작가님 드라마 할 때 수돗물 사용이 줄 정도라고 했으니 말 다했죠.

그다음 〈모래시계〉의 송지나 작가님은 이 작품 하나 쓰고 생을 마감해도 여한이 없겠다고 제가 생각을 했어요. 정말 드라마로 큰일을 했구나 싶었고, 펜은 칼보다 강하다는 말이 이런 것이겠다 싶었어요. 그 당시까지 광주민주항쟁은 '광주사태'라고 불렀는데, 드라마에서 광주의 민주화 항쟁을 다룬다라는 말을 하면서 광주민주항쟁이 되었죠. 그걸 보며 어린 나이에 드라마라는 것이 이렇게 사회를 조금씩 움직일 수도 있구나, 하는 것을 배웠어요.

그리고 저는 김운경 선생님의 코믹을 너무 사랑해요. 그 특유의 의뭉스러운 코믹, 서민형 코믹을 너무 좋아해요. 이 세 분을 통해 드라마 작가라는 직업의 매력도 좀 더 커졌고, 그래서 난 소설 안 쓰고 드라마 쓰겠다고 마음을 먹게 되었죠.

또한 작가가 되고 싶다는 생각을 하게 만든 드라마로는 〈모래시계〉 〈질투〉 〈사춘기〉 등을 꼽을 수 있겠네요.

시나리오는 안 쓰겠다고 하셨는데, 소설을 써보자는 제안은 안 받으셨나요? 혹시 소설을 쓸 생각은 있으세요?

소설 제안을 받았죠. 그런데 전 순수문학은 아니고, 쓰게 되면 웹소설 쪽일 것 같아요.

드라마나 소설을 쓰기 위해서는 고전을 많이 읽고 영화도 많이 보는 게 좋잖아요. 선생님의 마음 속 고전이나 영화에 대해 이야기해 주세요.

저는 헤르만 헤세를 무척 좋아했어요. 《데미안》, 《수레바퀴 밑에서》 같은 작품은 자체로 서정적이고 철학적이죠. 그리고 소년미도 있고요. 제가 〈소년기〉라는 극본으로 당선된 후 우연히 김운경 선생님을 뵈었거든요. 그런데 제 작품을 최종심 심사위원으로 보셨다는 거예요. 당시 신인 드라마 작가들에게 김운경 선생님은 거의 BTS급이었는데요, 그 분이 우리 쪽으로 걸어오시더니, 저를 보며 "자네가 〈소년기〉를 쓴 작가인가? 그 《데미안》 같은 거?" 하며 말을 건네주시는 거예요. 그 말씀을 들었을 때, 내가 좋아하는 작품의 영향을 받는구나 생각하게 되었어요. 저는 미성숙한 소년 소녀들이 겪는 이야기를 되게 좋아해서《호밀밭의 파수꾼》《앵무새 죽이기》같은 책을 좋아했어요. 보통 세 번, 네 번 다시 읽을 정도로 좋아했죠.

그리고 영화는 하나만 꼽기가 어려워요. 정말 예술영화부터 일본 B급 영화까지 다 찾아다니면서 보고 그랬거든요. 일본 문화 개방 전에는 비디오테이프 같은 데 복사해서 보곤 했어요. 정말 좋아한 영화가 많았는데요, 그 많은 작품들 중에서 나도 뭔가 영상 만드는 일을 하고 싶다고 마음먹게 만든 영화가 〈시네마 천국〉이었어요.

<시네마 천국>은 정말 영상 하는 사람들에게 많은 영향을 준 것 같아요.

그 외에도 〈바람과 함께 사라지다〉 같은 영화는 지금도 가끔씩 봐요. 〈스미스 씨 워싱턴 가다〉 같은 영화도 좋아하고요. 저는 히치콕 영화도 정말 좋아해요. 히치콕은 자기가 만든 영화에 반드시 출연하는 것으로 유명하잖아요. 영화 보면서 그 장면을 찾고 그랬죠. 홍콩 영화는 한창 볼 때, 왕가위를 좋아했고요. 비디오테이프도 사서 모았는데, 이제 다 버리고 없네요.

제가 막내다 보니 소설, 음악, 영화 같은 것은 언니 오빠의 영향을 많이 받았어요. 중학교 때 팝송 듣고, 헤비메탈 역사 같은 것을 외우고 그랬죠. 언니랑 오빠가 먼저 대학을 다니다 보니

집에 LP판도 무척 많았고요. 문화적 혜택을 많이 받은 거죠.

게다가 저희 아빠가 책을 정말 많이 사주셨어요. 본인이 책 읽는 걸 좋아하셨고, 책 읽는 내 모습을 보면 너무 흐뭇해하셨죠. 그러면 나는 또 예쁨을 받으려고 열심히 읽고요. 계몽사 전집, 셜록 홈스 전집, 루팡 전집 같은 것이 다 있었어요. 우리 집이 도서관이었다니까요.

마지막으로, 작가 지망생들에게 해주고 싶은 이야기는 없으세요?

작가는 빨리 데뷔한다고 성공하는 것도 아니고, 자신의 포텐을 잘 만드는 게 중요한 것 같아요. 40세가 넘어서 데뷔하고도 멋진 작품을 쓰는 분도 계시니까요. 지치지 말고 자신의 길을 잘 걸어가다 보면 분명 원하는 길을 가고 있는 자신을 발견할 거예요.

〈정도전〉〈녹두꽃〉

3. 정현민 작가 인터뷰

"내 삶의 경험만큼
드라마가 나온다는 것을 잊지 마세요."

작가님은 국회의원 보좌관 출신에서 드라마 작가가 된, 조금은 특이한 경력을 갖고 계시는데요, 작가가 된 기폭제 같은 사건이 있었나요?

제가 국회의원 보좌관 9년 차 때 한 작가님과 인터뷰를 하게 되었어요. 요즘 나온 〈보좌관〉 같은 드라마를 준비 중이셨나 봐요.

그 작가님이 본인이 생각하는 이야기의 큰 로그라인을 이야기해주셨는데, 들으면서 제가 "이렇게 하면 재미있지 않겠어요?" 하며 막 아이디어를 내게 되더라고요. 그런데 어느 순간부터 곰곰이 내 이야기를 듣고 있던 작가님이 내게 글을 좀 써봤냐고 물어보시는 거예요. '글이야 늘 쓴다. 그리고 어릴 땐 꿈이 소설가여서 전태일문학상 최종심까지 갔다. 그런데 전업 작가가 될 만큼의 능력은 안 된다고 생각하고 있다.' 뭐 이런 식으로 답을 했어요.

그랬더니 드라마는 글이 아닌 말을 쓰는 건데, 제가 말의 감이 참 좋다고 말씀하시더라고요. 무엇보다도 몸 안에 이야기가 있는 것 같다며, 밑도 끝도 없이 드라마 작가 공부를 해보라고 하시는 거예요. 그때 제 첫 느낌은 인터뷰에 응해드려서 해주시는 덕담이겠거니 했죠.

이게 인연이 되어 그 후로도 작가님과 가끔씩 연락을 주고받았어요. 근데 진짜 볼 때마다 그 이야기를 하시는 거예요. 그러다 잠시 백수가 된 적이 있는데, 희한하게 마침 그때 딱! 텔레비전 화면에서 드라마 작가 교육원생을 모집하는 자막 광고가 지나가더라고요. 또 마침 그때 그 작가님을 만나기로 했네? 만나서 그런 광고를 봤다고 하니 당장 다니라고 채근하시는 거예요. 당시 딱히 할 일도 없고 해서, 그냥 가서 면접 보고, 다니게 되었죠. 작가 교육원에 다닐 때쯤에는 다른 의원실에 출근하게 되었는데요, 아무튼 지금 생각하면 좀 웃겨요.

그렇게 해서 교육원에 처음 갔는데 솔직히 너무너무 재미있었어요. 이 자체가 제게는 딴 세상이었죠. 국회에서는 만날 싸우는데, 여기 오면 기초반…. 너무 재미있잖아요. 그리고 그때는 수업 끝나면 무조건 술이었어요. 제 업적이 기초반 엠티 조직화였죠. 하하하. 보통 20명, 30명 갔다니까요. 을왕리 1회, 우이동 1회 갔는데, "뭐 있냐 사람이, 놀자" 이러면서 지냈죠. 저는 수업은 땡땡이 쳐도 뒤풀이는 땡땡이 안 쳤어요.

그렇게 하면서 〈SKY 캐슬〉 쓰신 유현미 작가를 연수반 선생님으로 만났는데, 그분의 지도를 받아서 당선됐죠.

그렇게 당선되고, 드라마 작가로는 본격적으로 언제부터 활동하신 거예요?

영화 같은 장르는 여러 사람이 협업을 하기 때문에, 자기가 잘하는 부분이 있으면 그걸로 충분히 갈 수 있는 것 같아요. 그런데 드라마는 싫든 좋든 작가 혼자서 무던히 끌고 가야 하는 부분이 있잖아요. 그런데 그걸 끝까지 끌고 가려면 당선된 이후에도 수많은 훈련이 필요한 것 같아요. 그때 친했던 감독님이 내게 그런 얘기를 해준 것이 기억나요.

"신인에게 좋은 기회란 오지 않는다."

뭔가 문제가 있으니까 나한테까지 온 거라는 뜻이었어요. 그 감독님이 제 데뷔작인 〈자유인 이회영〉에 저를 추천해준 분이에요.

처음에는 제가 드라마를 쓰면 난리가 날 줄 알았어요. 그런데 조용한 거라. 시청률도 뭐 고만고만하고. 그때 저는 너무 잘 쓴다고 생각했는데 '반응이 왜 이러지?'라고 생각했어요. 하하하.

〈녹두꽃〉을 쓰면서 〈자유인 이회영〉을 떠올리면, 둘 다 비슷한 시대였는데, '아, 내가 그때 이런 부분을 몰랐구나. 내가 그때 이런 부분을 표현하지 못했구나' 이런 것들이 보였어요. 그래서 참 좋았죠.

저는 운이 참 좋은 편이었어요. 원래는 보통 공모전에 당선되면 그해에는 단막극을 준비하기 마련인데, 저에겐 장편의 기회가 왔으니까요. 오히려 단막극은 그 이듬해에 4개를 하고요. 또 그 이듬해에 〈사랑아 사랑아〉라고 일일연속극에 들어가는 등 만 2년 동안 5부작, 미니, 일일극, 단막을 다 경험해본 거죠.

첫 대본을 쓴 게 2009년 4월이었는데, 7개월 뒤에 당선됐으니까 저의 작가 지망생 기간은 길어봤자 1년이거든요. 습작 기간이 없는 거죠. 그런데 그 이후에 2년 동안 엄청나게 쓰게 된 거예요. 사실 그건 베테랑 감독들이 붙어서 나한테 가르쳐주는 과정이었을 텐데요, 돈도 벌고 경험도 쌓으면서 배우니까 저는 너무 땡큐였죠.

그렇게 한 3년 정도 인큐베이팅을 당하고(?) 난 다음에 쓴 것이 〈정도전〉이었어요. 그래서 작가 지망생들이 물어오면 저는 제 케이스가 많이 특이한 편이라고 이야기해줘요.

지망생들의 경우 마음이 급한 게 사실이잖아요. 어느 정도 준비를 해야 맞는 걸까요?

제가 작가로 데뷔했을 때 주변에서 자신도 드라마 작가가 되고 싶다며 물어오는 분들이 많았어요. 문제는 다들 다니는 회사를 그만두고 시작하려 하길래 제가 "그거는 아니다. 당선되고 난 다음에 그만둬도 충분히 늦지 않다. 이것은 고시 공부가 아니다. 그리고 지금 하고 있는 당신의 사회 경험이 당신이 작가가 된 후에 당신의 경쟁력을 만들어주는 거니까, 오히려 더 이럴 때일수록 그만두면 안 된다"는 식으로 얘길 많이 해주었어요.

그런데 제 앞에서는 그러겠다고 하면서도 그만두는 분들이 많더라고요. 한 2년 정도 작가 교육원을 죽자고 다니면서 하는데, 아시다시피 대부분 잘 안 되거든요. 그렇게 해서 당선되도 문제인 거죠. 누가 갑자기 돈을 싸 짊어지고 옵니까? 작가 당선되고 난 다음부터는 더 모진 세월이 기다리거든요. 당선된다고 다 데뷔하는 것도 아니고.

길게 보고 천천히 여유 있게 가야 하는 거죠. 주변에 글 친구들 만들어가면서요.

저는 교육원에 들어갔을 때, 오로지 오래 다니는 게 목표였어요.

'오래 다니자…. 여기 재밌다…' 하면서요.

저는 그냥 즐기는 학생이었어요. 그 여린 여선생님들이 뭔가 작가의 말을 이야기하면 되게 멋있어 보였고, 또 끝나고 난 다음에 뒤풀이하면서 정치 얘기 안 하고 그 얘기하는 게 너무 즐거웠거든요.

사실 제가 작가 준비는 오래 하지 않았지만 그 대신 20~30대 때 다른 곳에서 치열하게 살았기 때문에, 거기서 많은 경험을 하고 힘들게 지냈기 때문에 그런 경험이 쌓여서 여기서 조금 핀 거죠.

자신이 잘 쓴다고 생각하는 드라마 장르는 따로 있으신가요?

신인에겐 정말 좋은 기회가 잘 안 와요. 하여튼 신인 때는 제안이 들어오면 무조건 잡아야 해요. 가리면 안 돼요. 저는 그때 아마 로맨틱 코미디가 와도 잡았을 거예요. 그냥 뭐든지 오면 잡으세요. 자신의 잠재력이라는 게 어디서 터질지 모르거든요.

전 제가 사극에서 터질 것이라곤 꿈에도 생각 못 했어요. 왜냐하면 그 전까지 단 한 번도 사극을 안 써봤거든요. 〈정도전〉 첫 신을 쓸 때가 처음 사극을 접한 건데, 지금도 기억나는 게 내가 '회랑'이라는 단어를 몰라서 두 시간 동안 인터넷 검색을 했다니까요. 그다음에 '내관이 들고 있는 그게 뭐지? 청사초롱인가?' 하면서 '등롱'을 몰라서 헤매고. 진짜 아무것도 몰랐어요. 그런데 어떻게 하다 보니까 정치 사극 작가가 되었잖아요.

그러니까 지금도 그런 생각을 갖고 있죠. 내가 아마 로맨틱 코미디로 터질 수도 있을 거야. 그건 아무도 모르는 일이야….

작가 지망생들의 경우 더더욱 "나는 이런 걸 잘해" "나는 이런 걸 할 거야"라고 미리 정해둘 필요는 없는 것 같아요. 어디서 터질지, 자신이 어떤 소질을 갖고 있는지 모르니까요.

또한 자신이 생각하는 것과 시청자들이 좋아하는 건 달라요. 자신은 진지함이 멋있다고 생각하지만, 시청자들은 그 진지함을 싫어할 수 있거든요. 중요한 건 시청자들이 그걸 좋아해줘야 할 수 있는 거예요.

드라마의 캐릭터는 어떻게 만들어내고, 어떻게 감정이입을 하나요? 〈녹두꽃〉 등 사극의 경우 인물도 여러 명인데….

작가는 자기 안에 여러 사람이 있어야 돼요. 자기 안에 왜 비열한 놈이 있고, 나름 좀 멋있는 놈도 있고, 옹졸한 놈도 있고, 영웅도 있고 다 그렇거든요. 그런 사람들을 넣었다 뺐다를 잘해야 하는 거죠.

보통 캐릭터를 잡을 때는 중심인물만 생각하고, 주변부 인물이다 싶으면 그렇게 팔로를 하지는 않거든요. 그런데 이번에 〈녹두꽃〉을 하면서는 이게 민초들이 중심이 된 사극이다 보니, 극중에 나오는 인물들은 처음부터 끝까지 대부분 이야기의 행로를 생각해놓고 갔어요. 우금치에서는 누가 죽어야 되는지…. 예를 들어 최덕기(김상호 분)는 이렇게 저렇게 하다가 우금치에서 죽는다는 식으로 다 정해놓았죠.

그게 아니라면 경험을 통해 그런 인물들을 표현하게 되는 것 같아요. 〈녹두꽃〉으로 이야기하면 내 안에 백가가 분명히 있는 거고. 박혁권 배우를 처음 만났을 때 이렇게 얘기했거든요.

"이 드라마에서 최초의 캐릭터는 백가다. 이 백가의 가족들 이야기를 좀 해보고 싶었다. 그래서 이 드라마는 당신이 시작이다"라고요.

저는 제가 아버지가 되어보지 않았다면 백가란 캐릭터를 쓰지 못했을 것 같아요. 아버지가 되니까 스스로가 지켜왔던 원칙들이 너무나 속절없이 아이들 앞에서 무너져버리더라고요. 이것을 경험하니 아버지란 이름은 어떻게 보면 외부의 다른 사람, 다른 가족에게는 악마가 될 수도 있겠다는 생각이 들었어요. 그런 의미에서 백가란 캐릭터를 쓰니 '맞아, 아버지라면 저럴 수 있어'라고 공감할 수 있는 부분이 생기는 거죠.

제가 만약 결혼을 안 하고 아이가 없었으면 백가란 캐릭터는 생각 못 했을 거고, 국회에서 보수당을 경험해보지 않았으면 〈정도전〉에 나온 이인임을 쓸 수 없는 거고 그런 거죠.

그렇다면 드라마 작가에게 경험은 어느 정도 중요한 걸까요?

만약 제가 국회에서 보좌관으로 활동하지 않고 당시 한나라당이라는 보수당을 경험하지 못했다면 제 대본은 그냥 뻔했을 거예요. 저는 경험을 해봤기 때문에 이게 당시 정치 사극이라 불릴 정도가 되었던 거고요.

대체로 보면, 주변에서 "참 잘 쓴다. 어떻게 그렇게 사람을 잘 쓰지?" 하는 작가의 얘기를 들어보면 좀 기구한 인생을 살아온 사람이 많더라고요. 말 그대로 본인도 드라마틱한 인생을 산 거죠. 그러면서 다양한 사람을 만났을 테고, 다양한 한계에 직면했을 테고, 여러 가지 감정을 겪어봤겠죠. 연기랑 좀 비슷한 것 같아요.

저 역시도 어떻게 보면 제 삶을 통해 비교적 여러 계층을 다 경험해본 셈이잖아요. 공장의 노동자들부터 시작해서, 나는 아니지만 한국의 제일 높은 사람들을 모시는 일을 해보기도 하고요. 한 사회에는 여러 스펙트럼이 있고 각자가 사는 모습도 다르고, 각각의 그룹마다 사람들의 성향이나 문화도 좀 다르잖아요. 그런 게 제 안에 다 들어 있는 거죠.

구체적으로 언제 어디서다라고 찍어서 이야기할 수는 없지만, 분명히 내가 살아온 궤적 속에서 경험했던 모티브들이 모이고 쌓여서 캐릭터가 만들어지는 것 아닐까 생각해요.

드라마를 쓸 때 신 구성은 어떻게 하시나요?

컨디션이 좋을 때는 딱 시퀀스 한 줄 갖고 대본을 써요. 보통 한 회차에 8개 정도의 시퀀스를 표준으로 잡죠. 기승전결에 2개씩 넣어서요. 그렇게 쓰다 보면 어떤 회차에서는 한 11개에서 12개 정도 갈 때도 있고요. 반대로 6개 정도면 너무 늘어지더라고요.

그런데 컨디션이 안 좋으면 시퀀스를 써놓고 밑에다 세부적으로 계속 산문처럼 내용을 써 내려가요. 신 넘버를 잡고 가는 게 아니고, 이다음에 뭐가 가고 뭐가 가고 하는 식으로요. 보통 대본을 쓸 때는 '이번 회차에는 엔딩이 뭐다'라고 정해놓고 가거든요. 그 엔딩으로 가는 데 길을 한 7개 정도 찾는 거죠.

그런데 저는 앞 장면을 쓰다가도 뒤에 좋은 장면이 떠오르면 바로 메모해놓고 그래요. 1시퀀스를 쓰고 있다 하더라도 항상 뒤의 시퀀스까지 같이 고민하는 거죠.

보조 작가들과는 어떻게 협업하시나요?

제가 따로 정확하게 신 구성을 하는 건 아니라서 대사를 쓰는 식의 협업을 하지는 않아요. 대신 제가 보조 작가들에게 철저히 가르치는 것은 '이야기' 부분이에요.

"글은 누구나 다 잘 쓴다. 그런데 중요한 건 이야기를 만들 줄 알아야 한다"라는 거죠. 그래서 제가 대본 작업을 할 때 이 친구들에게 다음 회차의 줄거리를 쓰게 해요. 그리고 이전 대본을 마치면 다음 줄거리를 가져와 같이 이야기를 하죠. 거기서 좋은 맥들을 같이 뽑고 제 스토리에 그런 내용들을 추가해요.

사실 저는 보조 작가들에게 대본 쓰는 법을 따로 가르칠 필요는 없다고 생각해요. 다들 자기 스타일이 있으니까요. 게다가 제 스타일을 여자 작가들은 굳이 배울 필요도 없는 것 같고요. 대신 저는 드라마 작가는 이야기꾼이라고 생각하기 때문에 무조건 이야기만 강조하는 편이에요.

〈녹두꽃〉에는 전라도 사투리가 나오잖아요. 이런 사투리 대사는 어떻게 쓰시나요?

제가 언어 순발력이 좀 있어서 말을 좀 빨리 배우는 편이에요. 저희 처가가 전북인데, 장인어른이 전북 김제분이세요. 아주 구수한 전북 사투리를 구사하시죠. 그걸 15년 동안 들어서 아주 감이 없던 건 아니었어요. 처음에는 소설《태백산맥》을 좀 참고해볼까 싶었는데, 대본을 써보니 완전 틀린 거야.《태백산맥》은 완전 남도 사투리거든요. 안 되겠더라고. 그걸 덮고 그다음부터 전북 사투리를 분석했죠.

전북 사투리가 들어가 있는 동영상, 전북 동영상 뭐 이런 것들도 보고, 보조 작가에게는 아예 사전을 만들라고 했어요. 사투리에 많이 들어가는 부사, 형용사 이런 것들을 넣어서요. 그렇게 20~30페이지 분량 정도를 만들었어요. 그다음에 모든 영화와 소설을 보고 기쁠 때, 슬플 때, 빈정댈 때 하는 표현들을 쫙 모으게 했어요. 그런 표현들을 수백 개 찾았어요.

이렇게 만들어놓은 걸 그대로 베끼지는 않고 상황에 맞춰 대사를 만들었는데, 아쉽지만 실제 드라마에는 거의 못 살렸어요. 왜냐하면 표현이 너무 적나라하기도 하고, 또 사실은 이게 자막을 깔지 않으면 못 알아듣거든요.

〈녹두꽃〉을 하면서 '내가 만약에 한 번 더 전라도 사투리를 쓰는 드라마를 하게 되면, 그때는 자막을 깔 각오를 하고 제대로 간다' 이런 생각도 했죠. 그러니까 실제로는 자연스럽게 흉내만 좀 낸 정도였죠. 다행히 주변에서 그리 어색하지는 않았다고 하시더라고요. 장인어른도 전북 사투리 같다고 하시고.

좋은 대사는 어떻게 쓸 수 있나요?

흔히 대삿발은 타고난다고들 하던데, 어느 정도 공감하는 편이에요. 제 생각에는 '타고났다'는 것이 꼭 선천적인 걸 의미하는 것은 아닐 수 있어요. 살아오면서 체득하는 거라고나 할까? 그래서 전 드라마 작가는 어릴 때 어떤 언어 환경에서 자랐는가도 무척 중요하다고 생각해요. 주변에 옛날 얘기를 많이 해주는 사람이 있거나, 욕쟁이 할머니가 있는 것과 그렇지 않은 환경은 엄청난 차이거든요.

그다음은 본인이 얼마나 많은 말을 들었는가도 대삿발에 영향을 미치는 것 같아요. 보통 자신이 수없이 봤던 영화나 작품들의 대사는 영향을 미치거든요.

대사를 잘 쓰고 싶을 때 가장 중요한 건 캐릭터예요. 캐릭터가 애매하게 구축되었는데, 대사가 잘 나온다? 그건 절대 아니라고 생각해요. 그래서 저는 학생들에게 "대사를 잘 쓰고 싶으면, 캐릭터를 잘 만들어라"라고 이야기해요.

첨언하자면, "밥 먹었니?" "응" 이런 대사만 쓰지 않으면 돼요. 그런데 사실 생각보다 이렇게 쓰지 않는 게 쉽지가 않잖아요.

그러니까 대사를 잘 쓰고 싶다면 딱 두 가지만 기억하세요. 캐릭터와 의외의 대답.

드라마를 더 잘 쓰기 위한 작가님만의 고전 리스트가 있을까요?

글 쓸 때는 독서를 따로 하지는 않고요. 글 쓰다 막히면 뭐, 내가 좋아하는 가수 뮤직비디오 같은 걸 봐요.

어릴 때는 대하소설을 좋아했어요. 중국 4대 기서(삼국지연의/수호전/서유기/금병매)를 초등학교 때 봤었거든요. 이렇게 이야기가 강한 대하 서사들이 좋았어요. 만약에 고전을 뽑으라고 하면 그런 거겠죠. 그래선지 영화 같은 것을 봐도 서사가 재미있는 것들을 많이 선택해요.

인생 소설을 하나 뽑으라면 《앵무새 죽이기》예요. 우리나라에 처음 번역됐을 때, 《아이들이 심판한 나라》로 나왔거든요. 저는 그 버전으로 봤어요. 인종차별에 대한 내용을 담았는데, 서사와 정서, 메시지가 너무 좋았죠.

후배 작가 지망생들에게 해주고 싶은 말은 무엇인가요?

인생사 운칠기삼이라고 하죠. 누군가가 성공에 대한 인터뷰를 할 때 '운'을 이야기하지 않는다면, 저는 사기꾼이라고 생각해요. 인생처럼 드라마도 운이 많이 작용하는 영역입니다. 노력과 재능과 운의 삼박자가 맞아야 되는 것 같아요. 그런데 재능은 본인이 알아서 하는 것이고, 노력은 누구나 다 하거든요.

문제는 운이라는 놈인데… 분명한 것은 나 같은 인간한테도 운이 한 번은 오더라는 거죠. 그러니까 늘 준비하면서 지치지 말고 자신의 때를 기다리라고 말해주고 싶어요.

〈모두의 거짓말〉

4. 원유정 작가 인터뷰

"자신이 가장 재미있는 걸 쓰세요.
그게 통하더라고요."

아직 입봉한 드라마가 방송되지 않았어요. 작가님의 간단한 소개를 부탁드려요.

안녕하세요. 저는 '제16회 경상북도 영상콘텐츠시나리오 공모전'에서 〈정록파 조지운〉으로 최우수상을 받은 원유정입니다. 2019년 10월에 OCN에서 방영한 〈모두의 거짓말〉이라는 드라마를 공동 집필했어요.

신예 작가가 되기까지 오랜 기간이 걸렸을 텐데요, 그동안 어떤 일을 하셨나요?

저는 일을 정할 때 글 쓰는 거랑 동떨어진 걸 하자는 주의였어요. '혹시 모르니까 언제라도 발을 뺄 수 있게 하자'라는 마음이랄까요? 저는 데뷔 전 학원 관리팀에서 일했는데요, 돈도 꼬박꼬박 들어오고 하니까 공모전에 작품을 낼 때도 마음이 편했고, 떨어졌을 때도 크게 좌절하지는 않았어요.

작년에는 단막극 대본을 여러 개 냈거든요. JTBC, 오펜, SBS. 방송에 낸 것은 모두 당선이 안 되었는데, 나중에 다 연락이 왔어요. 모두 최종심까지는 올라간 거였죠. 덕분에 이윤정 감독님과 연결이 되어 지금 일을 시작하게 되었어요.

입봉 전에 하던 일은 그만두신 거죠?

그때 이윤정 감독님이랑 다른 곳에서 똑같이 연락이 왔거든요. 작년 6월에 연락받고, 8월에 곧바로 작품에 들어가야 해서 그만둬야 했어요. 제가 이윤정 감독님 전화를 당시 근무하던 학원에서 받았어요. 처음에는 모르는 번호라서 무시했거든요. 그랬는데, 'CJ 누군데 혹시 전화드려도 될까요?'라는 문자가 와서 괜찮다고 답을 드리니 바로 전화가 오더라고요.

너무 좋은데 소리는 못 지르고, 학원 화장실에 들어가서 전화를 받았죠.

"이윤정 감독님이요? 〈커피프린스 1호점〉 만드신 이윤정 감독님이요? 같이 일을 하자고요?"

막 이러면서 안절부절못하며 통화를 했어요.

감독님도 성격이 급한 편이셔서, "오늘 볼까요?" 하시더라고요. 당장 가겠다고 답했죠. 회사 퇴근하자마자 바로 감독님 집 앞으로 갔어요. 그때 너무 좋았어요.

드라마 작가를 꿈꾸게 된 계기는 무엇인가요?

그런 계기가 갑자기 생겼던 건 아니고요, 저는 어릴 때부터 드라마 보는 것을 정말 좋아했어요. 중고등학교 때 놀지도 않고 드라마만 봤어요. 드라마를 보는 게 너무 재미있어 친구들에게도 집에 빨리 가서 드라마 봐야 된다고 말하곤 했죠.

제가 고등학교 1학년인가 2학년인가일 때 〈파리의 연인〉을 방영했거든요. 그때 정말 애들이 난리 났었어요. 그런데 친구들은 학원에 가야 하니까 그 드라마를 보고 싶어도 볼 수가 없는 거예요. 그래서 제가 그걸 애들 대신 보고, 그다음 날 학교에 가서 연기를 하면서 내용을 알려줬어요. 그런 역할을 학창 시절 내내 했던 것 같아요.

대학 수능을 봤는데, 언어 영역이 잘 나와서 자연스럽게 국문과에 가게 되었어요. 그런데 너무 재미없는 거예요. 그때 학교 가기 싫어서 매일 영화를 보러 다녔어요. 매일 버스 타고 종점에서 종점까지 돌아다니고요. 전 그때 노선이 긴 파란색 서울 시내버스를 다 타본 것 같아요.

그러다 결국 다시 학교로 돌아갔는데, '현대문학의 이해' 같은 과목은 너무 듣기가 싫은 거예요. 수업 내용도 잘 모르겠고요. 그래서 수강 과목을 보니까 '소설 창작론' '극 창작론' '시 창작' 등 창작 수업이 3개 있더군요. 그중 소설 창작 수업을 들었는데 너무 재미있었어요. 그때 교수님이 저보고 "너는 드라마 써야겠다" 그러시더라고요.

여의도 작가 교육원은 과 동기가 소개해서 알았어요. 그 친구가 먼저 다녔는데, 제게 "언니, 언니가 여길 다녀야 할 것 같아" 그러더라고요. 거기는 현직 작가님이랑 PD님들이 강의한다고…. 하지만 바로 가지는 않았어요. 당시 졸업하고 학교 조교를 했었거든요. 조교는 2년 계약직인데 1년 지나니까 약간 불안하더라고요. 그래서 1년 끝났을 때 교육원에 등록을 했죠.

기초반 때는 그냥 '재밌네…' 정도였는데, 연수반 때 황의경 선생님께서 "유정이는 재능이 있네" 그렇게 말씀하셔서 불이 확 붙었어요. 그런 식으로 자잘자잘하게 모여서 드라마 작가를 꿈꾸게 된 것 같아요.

혹시 글을 쓰면서 슬럼프 같은 것은 없었나요?

저는 작가 교육원 전문반까지 나왔어요. 그 이후에는 공모전에 작품만 냈고요. 당연히 창작반에 올라갈 줄 알았는데, 떨어지고 나니 그때 슬럼프를 겪게 된 것 같아요.

선생님의 추천을 받았는데, 교육원에서 전화가 오더라고요. 냈던 작품은 또 내지 말래요. 담당 선생님께서 냈던 거 내도 된다고 해서 그런 건데…. 여하간 창작반 떨어지고 1년 동안 글을 아예 안 썼어요. 공모전에도 있는 것 갖고 조사만 바꿔서 내고 그랬어요.

글쓰기에 질적 변환이 오는 때가 있는데, 슬럼프 시기가 그 때였나요?

영향이 있었던 것 같아요. 저는 제 자신이 되게 쿨한 성격이라고 생각했는데, 창작반 떨어지고 집에 와서 엄청 울었어요. 현관 들어가는 순간부터 울어서 부모님이 놀라셨죠. 전 진짜 올라갈 수 있을 줄 알았거든요.

당시는 글을 안 쓰고, 계속 기존 작품을 어떻게 붙여볼까 이런 생각만 했어요. 지금 생각해보면 자기만의 색이 있는 것을 처음부터 이야기의 틀을 바꾸고 캐릭터를 바꿔서 크게 고치는 건 어려운 일이에요. 깔짝깔짝 고치는 건 어떻게 되지만요.

슬럼프 기간 1년 동안 계속 그 작업만 하다가 지친 상태였어요. 그러니까 작업도 잘 안 하고, 되게 우울해하기만 하고 그랬죠. '뭐지? 뭐가 문젤까?' 생각하면서. 계속 당선이 안 되니까 어느 순간 나도 당선용 글을 써야겠다는 생각이 들더라고요.

그때는 KBS 공모전만 남아 있었거든요. 당선작을 보니까 '아, KBS는 이런 글을 좋아하는구나' 싶었어요. 내용이 안정적이면서 가족들이 막 싸웠다가 마지막에 화해하는… 그러면서 감동을 주는 그런 내용이 많더라고요.

그래서 '뭐 그렇다면 그 틀에 맞춰 써보겠다'라고 생각했는데, 막상 그렇게 쓰니까 뭔가 네 맛도 내 맛도 아닌 대본이 나오는 거예요. 저는 그런 단조로운 얘기를 안 좋아하더라고요. 그런데 결국 제가 쓰면서도 너무 재미없고 질렸어요.

그때는 회사를 안 다니고 그냥 작품만 쓰고 그랬는데요, 안 되겠다 싶어서 다시 직장을 구했어요. 그러고 나니 마음이 조금 안정되더라구요.

'아, 이제 돈 나올 데 있으니까 떨어지더라도 그냥 내가 재미있는 것 써야지. 이건 그냥 나만 보고 웃어야지.'

그런 마음으로 글을 쓰게 되었죠. 사실 지금 보면 공모에 낸 작품들이 되게 엉성했어요. 제가 보기에 내용만 재미있었던 거예요. 저는 '얘네가 이런 시시껄렁한 대화를 하고, 얘네끼리 막 사부작사부작 노는 게 너무 재밌어' 하며 썼거든요. 그것을 심사위원들이 높게 봐주셨던 것 같아요.

지금 와서 생각해보면 내가 잘하는 것을 썼어야 슬럼프도 짧았을 텐데, 잘 모르겠는 걸 쓰니까 정말 힘들었나 봐요. 그런데 엄밀히 말하면 저는 그 시간이 자기반성과 객관화의 시간이었던 것 같아요. 힘들었지만 결국 나중에는 '그래도 써야지'라는 생각이 늘 떠올랐고요.

현재 이윤정 PD와 장르물을 준비 중인 거잖아요. 원래부터 장르물을 좋아하고 써봤었나요?

보는 건 좋아해도 한 번도 써보지는 않았어요. 감독님도 성향 자체가 저랑 비슷하세요. 따뜻하고 밝은, 이런 이미지를 좋아하시거든요. 그런데 장르물을 한 번은 해보고 싶으셨대요.

그래서 하게 되었는데, 그럼에도 드라마 안에 밝은 코드들이 좀 들어갔으면 좋겠다고 생각하셨대요. "경찰들끼리 있으면, 얘들이 같이 얘기할 때 재미있고 코믹하고 따뜻한 정서가 있었으면 좋겠다. 네가 와서 해줄 수 없겠니?"라고 하셔서 "아, 네. 해보겠습니다…"라고했죠.

처음에는 따뜻한 에피소드만 쓰면 될 줄 알았는데, 막상 시작하니 그게 아니더라고요. '너무 어려워서 나는 안 되겠다' 싶어 포기하려는데, 주변에서 모두 "미쳤어? 입봉을 안 하려고?"라며 말리더라고요. 그럼 일단 대본을 써보자고 마음을 다잡았어요. '감독님 마음에 안 들면 하고 싶어도 못 할 테니까'라는 생각이었죠. 그런 후에 다시 보니 조금씩 '이렇게 살리면 되겠구나' 싶더라고요. 그렇게 작업을 하게 되었어요.

작품에 영감을 주는 자기만의 고전 리스트 같은 것은 없나요?

전 그때그때 보고 재미있으면, 그게 가장 좋은 작품인 것 같아요. 그런데 저한테는 되게 재미있는 버릇이 있는데요, 드라마나 영화나 제 마음에 확 박히는 구간이 있으면 그걸 진짜 숨소리까지 외울 정도로, 그 부분만 계속 반복해서 백 번씩은 보는 거예요. 너무 좋아서.

예를 들어 오늘 15회를 봤는데, 한 장면이 너무 좋으면 인터넷에서 그걸 찾아서 그 장면만 계속 보는 거예요. 외울 정도로.

그때는 그게 공부라고 생각하면서 본 건 아니었고요.

지금 생각해보면 그게 드라마 쓰는 데 도움이 된 것 같아요. 하지만 그때는 저 사람이 잘생기고, 저 사람이 저런 대사를 하는 게 너무 좋고… 뭐 그런 거였죠.

드라마를 좋아하시는데, 내 인생의 드라마 3가지를 꼽아주실 수 있나요?

〈파리의 연인〉 〈다모〉 〈내 이름은 김삼순〉을 꼽을 수 있겠네요. 언젠가 나도 저런 톤으로 저런 드라마를 써보고 싶다 했던 작품은 〈내 이름은 김삼순〉이나 〈고맙습니다〉 같은 드라마였어요. 저는 〈고맙습니다〉 같은 작품을 되게 좋아했거든요. 보고 있으면 따뜻해지는 그 정서가 너무 좋았어요.

당시 제가 대학교 1학년 때였는데, 학교에서 3주 동안 영어를 배우기 위해 기숙사에서 생활하는 프로그램이 있었거든요. 그런데 몰래 그걸 보고는 다음 날 막 신구 선생님 흉내를 내고 그랬어요. 지금 함께 작업하고 있는 이윤정 감독님의 〈커피프린스 1호점〉 이런 것도 너무 좋아하고요.

대사는 어떻게 쓰시나요? 특별한 비결 같은 게 있나요?

정말 특강이나 강의하는 모든 선생님이 대사는 타고나는 거라고 말씀을 하세요. 구성이나 장면은 한 6개월 정도 앉아서 구조 분석하고 공부하면 그 스타일에 맞춰서 할 수 있는데, 대사랑 캐릭터는 타고나야 하는 거라고 하시더라고요. 그 이야기를 들은 교육생은 다들 좌절하고…. 하하하.

전 솔직히 깊이 고민 안 하고 쓰는 편이에요. 깊이 고민 안 한다는 게 아예 생각 없이 막 나온다는 건 아니고요.

저는 버스를 타고 앉아서 돌아다니는 것을 진짜 좋아하는데, 그 시간 동안 제가 만들어놓은 상황에 들어가서 계속 상상을 하거든요. 상상하고 망상하는 게 제 취미예요. 그러면서 웃긴 대사가 나올 때까지 계속 같은 상황을 상상해봐요.

'내가 엘리베이터 안에 그 등장인물하고 같이 타고 있다. 아니면 제삼자와 같이 타고 있다. 얘네들이 무슨 이야기를 할까?'

이게 꼭 안 쓰이더라도 그냥 개네랑 같이 사는 것처럼, 같은 공간에 있을 때 벌어질 법한 상황이나 대사를 상상하는 거죠. 그러다 너무 웃긴 대사가 떠오르거나, '정말 이 대사는 개답다. 주인공만이 할 수 있는 대사다' 하면 기억해뒀다가 나중에 쓰자고 생각해요.

토씨 하나 안 틀리고 쓴다는 얘기가 아니고, 그냥 그런 식으로 하나둘씩 내 안에 대사가 쌓이면 금방금방 나오긴 하더라고요. 너무 좋으면 메모를 하는데 오히려 그런 건 잘 쓸 일이 없고, 그냥 '괜찮네, 재밌네' 하고 기억만 해두었다가 쓰는 거죠.

이렇게 하다 보니, 서울 시내버스가 점점 더 짧게 느껴지는 거예요. 그래서 최근 한 1~2년쯤은 시간 나면 고속버스터미널에서 버스를 타고 사찰 여행을 가요. 멀리 가면 왕복 대여섯 시간 정도 걸려요. 가면서 생각하고, 사찰에 가서 자고, 그동안 앙금처럼 쌓인 스트레스나 꼬인 생각들도 털고, 그리고 올라오면서 또 생각하고 그러죠.

드라마 스토리텔링의 핵심은 뭐라고 생각하세요? 재미의 기준은요?

요즘 작품을 하면서 느끼는 건 얘기는 결국 단순해야 된다는 거예요. 욕심이 생겨서 '이거 넣으면 재미있지 않을까? 이거 한 번 꼬면 재미있지 않을까?' 하는 순간 얘기가 바로 산으로 가버리더라고요.

이야기가 눈에 확 보여야 하는데, 그게 어느 순간 욕심이 커져서 쉽게 가면 촌스러운 것 같은 생각이 드는 거예요. 그래서 계속 그것을 가리려고 덧붙이고 덧붙이고 덧붙이니까 나중에는 반응도 너무 안 좋고 리뷰도 안 좋은 거죠.

'어, 안 되겠다. 이거 메인 뼈대만 세워놓고 나머지 잔가지는 다 쳐보자.' 그렇게 하니까 훨씬 명확하고, 캐릭터도 정말 더 살아나고 좋아졌어요. 수정 시에는 그런 군더더기를 걷어내는 작업을 하느라 시간이 좀 걸렸는데, 그게 되게 중요한 경험이었어요. 지금은 이야기는 무조건, 정말로 단순하게 가야 한다는 원칙을 갖게 되었어요.

드라마를 쓰면서 롤모델로 삼고 싶은 작가는 누구인가요?

재미있는 걸 볼 때마다 매번 모든 작가님들이 존경스러워요. 그냥 드라마를 보는 1시간 동안 재미있었고, 따뜻했고, 마음이 녹았다 그러면 최고의 드라마인 것 같아요.

가장 최근에는 〈구해줘2〉를 보는데, 대사가 너무 좋은 거예요. 저도 지금 대사가 고민이거든요. 일부러 힘줘서 대사를 쓰려고 하거나, 멋있는 대사를 쓰려고 생각하면 그렇게 허접한 대사가 나오는 거예요. 멋 부리려는 대사는 반드시 감독님이 삭제하더라고요. 감독님이 "이건 정말 안 되겠네요" 하면서 빼시죠.

〈구해줘2〉는 15·16회만 봤는데요, 그 회차가 진짜 마을에서 난리가 날 것 같은 최절정의 갈등에 올라와 있는 상황이었어요. 그런데 이렇게 최절정의 갈등에서 나오는 대사들이 막상 그렇게 대단한 건 아니더라고요. 예전부터 너와 나 사이에 있는 갈등을 이야기로 서로 주고받고 하는데, 대사가 많지도 않고요. 그런데도 그냥 행동 하나, 몸짓 하나, 눈빛 하나 이런 게 너무너무 좋더라고요. 그걸 보면서 '아, 저건 지문에 쓰여 있는 걸까? 정말 대단하다…'란 생각을 많이 했죠.

그리고 그 드라마에서 최고 악역이 천호진 씨였는데, 마지막에 불에 타 죽거든요. 그런데 마지막까지도 5만 원짜리를 손에서 못 놓고 계속 쥐고 있는 거예요. 캐릭터를 그렇게 끝까지 일

관되게 그리는 것을 보고 '진짜 멋있다, 진짜 저건 배워야겠다' 생각했죠. 그러면서 어제 그 장면을 돌려보고 또 돌려봤어요.

글이 안 풀리거나 안 써질 때는 어떻게 해요?

제가 이제 막 작가 생활을 시작하는 거잖아요. 그런데 이걸 하면서 배운 것이 있어요. 같이 작업하는 분들을 믿고 가자는 거요. 진짜 안 풀릴 때는 너무 혼자 끙끙거리지 말고, 다른 분들의 의견을 들어보는 게 정말 도움이 많이 되고, 방향도 더 잘 잡히는 것 같아요.

물론 그렇다고 제가 아무것도 안 쓰고 의견을 묻는 게 아니라, 내 나름대로는 최대한 쓴 다음에 능력이 안 되는 부분은 함께 풀어가는 거죠. 그 과정에서 정말 많이 배웠어요.

지금 공동 집필을 하시는데, 어떤 식으로 진행이 되나요?

제가 들어올 때 기본적으로 기획안은 나와 있는 상태였어요. 큰 틀의 스토리도 나와 있었고요. 보통 메인 작가님, 감독님, 조감독님, 보조 작가까지 다 모여서 각 회차의 방향성을 잡고, 그다음 날 메인 작가님과 만나서 신 리스트 회의를 따로 해요. 그런 다음 각자 초고를 쓰고, 그것을 보고 다시 회의해서 합칠 것, 살릴 것들을 정하죠. 최종고는 메인 작가님이 정리를 하고요.

저희는 열려 있는 분위기라서 모두의 의견을 중시하는 편이에요. 내 생각을 이야기하고 확장하는 데 좀 더 편한 분위기죠. 이건 감독님 성격이기도 한데요, 마음에 담아두지 않고 솔직하게, 느끼는 게 있으면 그냥 다 말해주세요.

그리고 메인 작가님도 무척 쿨한 스타일이셔요. 만약 입장을 바꿔서 제가 메인 작가였으면 옆에 자리를 내주는 게 결코 쉽지는 않은 일이라는 걸 알거든요. 그런데도 쿨하게 자신이 모자라는 부분은 제가 채울 수 있고, 그래서 드라마의 완성도가 높아지면 좋은 거라고 이야기하시더라고요. 저한테는 정말 큰 기회를 주신 거잖아요. 너무 감사했죠.

보통 작품을 쓸 때 착상은 어디서부터 시작하나요?

그건 작품을 쓸 때마다 매번 다른데, 〈정록파 조지운〉의 경우에는 제목에서부터 시작한 것 같아요. 경상북도문화콘텐츠진흥원에서 공모한 것이다 보니, 내용에 경상북도의 지역 얘기가 들어가야 하거든요. 그런데 그동안 따로 경북에 가본 적도 없고, 제가 16회 당선인데 그 앞의 15회 동안의 당선작을 살펴보니 나올 만한 지명은 다 나왔더라고요. 경주, 영주, 다 나왔는데 뻔한 지역의 얘기는 하기 싫고, 그래서 지도를 펼쳐서 이야기를 풀어갈 만한 곳을 찾았어요.

그렇게 주실리라는 곳을 찾았는데, 보니까 조지훈 생가가 있대요. 조지훈 생가… 주실마을… 제가 나름 국문과 나왔는데 '아, 조지훈. 청록파' 이렇게 연상이 이어지는 거예요.

'어, 이거 점 하나씩 빼고, 정록파 조지운 하면 되게 웃기겠다. 정록파? 그럼 정록파는 무엇의 이름이어야 하지? 아, 건달 얘기를 한번 써봐?' 막 이런 식으로 상상을 뻗다 보니 이야기가 만들어지더라고요.

다른 작품 같은 경우에는 캐릭터에서 먼저 시작했고요. 제가 좋아하는 캐릭터를 써보고 싶다는 마음으로 작품을 시작했죠. 저는 화통하고, 말도 시원하게 하는 그런 캐릭터를 좋아하거든요. 아니면 세상에 잘 안 알려진 은둔 고수 같은 걸 좋아하고요. 이렇게 내가 지금 되게 좋아하고 끌리는 캐릭터로 이야기를 풀어보고 싶다는 생각이었어요.

그렇게 먼저 캐릭터랑 성격부터 잡아놓고 그다음 얘들이 어느 바닥에서 가장 잘 활개를 칠 수 있을까 상상하면서 그에 맞는 상황을 짜고, 확장해가면서 썼던 것 같아요.

요즘 다양한 영상 플랫폼이 생기고 있잖아요. 작가님은 그런 것에 대한 두려움은 없나요? 준비를 어떻게 하세요?

저는 이제 막 시작한 거잖아요. 아직까지 그걸 의식해서 쓰지는 않고요, 오히려 저는 넷플릭스 드라마를 보면서 제 틀이 많이 무너졌어요. 정말 내가 진짜 드라마를 좁게 보고 있었구나 싶었죠. 이제 진짜 정말 모든 이야기를 드라마로 만들 수 있겠다는 생각도 들었어요.

교육원 와서 돈 많이 드는 드라마는 쓰지 말라는 말을 엄청 많이 들었거든요. 돈 많이 드니까 사극 쓰지 마라 그래서 사극도 잘 안 쓰고 돈이 들어갈 것 같은 얘기는 일단 기피하고, 그런 게 있었어요. 저도 벌써 그런 틀에 맞춰서 드라마를 쓰고 있었던 게 아닌가 싶더라고요.

그런데 넷플릭스 드라마를 보면서 제가 좀 많이 갇혀 있었고, 스스로 제약을 많이 두고 있다는 것을 깨달았어요. 정말 다양한 얘기를 풀고 있고, 이렇게까지 뻗쳐나갈 수 있는 얘기가 많다는 것에 놀라웠고요. 오히려 앞으로는 상상력에 제한을 두어서는 안 되겠다는 생각을 하게 된 계기가 되었어요.

보통 작가는 독기가 있어야 한다고 하잖아요. 작가님이 후배들에게 해주고 싶은 말씀은 무엇인가요?

제가 되게 쫄보거든요. 걱정도 많고… 어느 정도냐면, 기초반 때 같이 스터디했던 그룹이 있었는데, "야, 너는 이렇게 걱정이 많아서 어떻게 하냐?"라는 말을 진짜 많이 들었어요.

"야, 너는 될 것도 안 되겠다. 그렇게 하기 전부터 '안 될 것 같지 않아? 재미없지 않아?'라는 말만 하면 어떻게 해." 이런 얘기도 많이 들었죠.

저는 진짜 독기는 없는 것 같아요. 대신 언젠가는 나한테 베팅해줄 사람이 분명히 찾아올 거라는 믿음이 있었던 것 같아요. '나를 알아봐주는 사람이 언젠가는 나타날 거야.' 그런데 작년에 '너한테 한번 걸어볼게' 하는 분들을 만난 거죠. 그래서 '아, 역시 그런 시기는 오는구나' 싶었어요.

저도 약간 돌고 돌아서 한동안 정말 당선만을 위해 이상한 것만 썼었거든요. 하지만 그런 식으로 뭔가 노려서 하는 거는 안 되더라고요. 슬럼프일 때도 공모전에 내긴 냈는데, 조사만 바꿨으면서도 '왜 연락이 안 오지?' 하며 전화를 기다리고 그랬어요. 하지만 다시 객관적으로 봤는데 진짜 재미가 없는 거예요. '나다운 걸 썼어야지. 그래야 떨어졌을 때 후회가 없는 거지'라는 생각이 들더라고요.

그런 다음 내가 잘할 수 있는 것을 보여줘야겠다는 마음으로 작품을 두 개 써서 공모전에 내게 되었어요. 그러니까 그 두 개로 이렇게 작가의 길로 들어오게 된 거고요. 내가 잘할 수 있는 것을 내가 재밌게 썼을 때, '어, 나도 그런 얘기 되게 좋아해. 너 나랑 잘 맞는 것 같아. 우리 한번 일을 같이 해보지 않을래?' 하는 분들이 나타나셨던 것 같아요. 그러니까 반드시 자신이 재미있는 것을 써서 승부를 보라고 말해주고 싶어요.

드라마,
시나리오 공모전,
어떤 곳에서 할까?

공모전은 특성상 매년 공모하는 곳이 바뀌거나, 없어지기도 합니다. 몇 년 만에 다시 극 공모를 하는 경우도 있고요. 아마도 공모전의 목적이 IP를 많이 확보하는 것이기에 어느 정도 내용을 보유하고 나면 한동안 개최를 안 하게 되는 것 같아요. 그럼에도 준비를 하는 사람으로서는 다양한 공모전 정보를 알아보고 계속 주목하는 것이 중요하겠지요. 현재 우리나라에서 열리는 참고할 만한 공모전을 모아서 소개합니다.

※ 분야, 방법, 자격, 시상내역 등의 정보는 공모 주최사의 사정에 따라 변동할 수 있습니다.

롯데 크리에이티브 공모전

모집분야　영화, 드라마, 뉴미디어 콘텐츠

응모방법　공모 홈페이지에 온라인 접수

지원자격　기성·신인 불문

시상내역　총상금 3억 원

http://www.lotte-creative.co.kr/

JTBC 신인작가 극본 공모

모집분야　단막 70분, 미니시리즈 16부작 대본 1·2회

응모방법　jtbc 극본 공모 홈페이지에서 접수

지원자격　단막은 신인, 시리즈는 기성·신인 불문

시상내역　대상(1편) 5천만 원, 우수상(분야별 2편) 2천만 원, 가작(분야별 3편) 1천만 원

https://vo.la/iZRhc

SBS 문화재단 드라마 극본 공모

모집분야 미니시리즈 8~16부작, 단막극 2부작

응모방법 홈페이지에서 온라인 접수

지원자격 기성·신인 불문

시상내역 미니) 최우수상 5천만 원, 우수상 3천만 원, 가작 1천5백만 원
단막) 최우수상 3천만 원, 우수상 2천만 원, 가작 1천만 원

https://foundation.sbs.co.kr/

한국영화 시나리오 공모전

모집분야 영화화 가능한 순수 창작 극영화(애니메이션 포함) 시나리오,
기타 출판된 저작품의 영화화를 위해 각색한 시나리오 제외

응모방법 첨부 양식 다운로드 후, 양식에 맞춰 제출

지원자격 기성·신인 불문

시상내역 대상(1편) 5천만 원, 1등(1편) 3천만 원, 2등(1편) 2천5백만 원,
3등(2편) 1천5백만 원, 4등(10편) 7백만 원

https://www.kofic.or.kr/

O'PEN 공모전

모집분야 단막 60분, 시리즈 8부 이상 대본 1·2회, 장편 시나리오

응모방법 홈페이지에서 온라인 접수

지원자격 신인(방송사/제작사 등과 집필 계약이 없는 자)

시상내역 창작 지원금 1천만 원, 개인 집필실 등 창작 공간, 연출자 및
작가 멘토링, 데뷔 기회

https://open.cjenm.com/

KBS TV드라마 미니시리즈 극본 공모

KBS에서는 대한민국 드라마를 이끌어갈 작가를 발굴하고, 완성도 있는 극본을 확보하여 드라마의 질적 향상을 도모하기 위해 아래와 같이 미니시리즈 극본 공모를 실시합니다.

모집분야 미니시리즈 12~16부작

응모방법 홈페이지에서 온라인 접수

지원자격 기성·신인 불문

시상내역 최우수작 3천만 원, 우수작 각 1천만 원, 가작 각 4백만 원

https://program.kbs.co.kr/special/drama/contest/pc/index.html

경기 시나리오 기획개발지원 공모

경기콘텐츠진흥원과 DGK(한국영화감독조합)는 참신하고 실험적인 스토리 개발 지원을 통해 한국 영화영상산업의 기반을 마련하고 우수 작가 발굴 및 창작 활동을 지원하기 위한 '경기 시나리오 기획개발지원' 공모 계획을 다음과 같이 공고합니다.

모집분야 세계관 시리즈 대본, 장편 극영화 시나리오

접수방법 홈페이지에서 온라인 접수

지원자격 기성·신인 불문

시상내역 세계관) 대상(1편) 1천만 원, 최우수상(1편) 5백만 원,
시나리오) 대상(1편) 5천만 원, 최우수상(1편) 2천만 원,
우수상 3편 각 5백만 원

https://ggfc.or.kr/

대한민국 스토리 공모대전

대한민국 콘텐츠 대상 스토리 부문

대한민국 스토리 공모대전은 공연, 만화, 애니메이션, 영상, 출판 등 다양한 분야의 콘텐츠로 활용 가능한 원천 스토리를 발굴하는 장입니다. 수상자에게는 상금을 비롯하여 사업화를 위한 비즈니스 매칭, 사업화 콘텐츠 홍보 및 마케팅, 스토리 창작센터 입주 신청 시 가산점 부여 등 다양한 지원을 제공합니다.

모집분야	트리트먼트 30p+원고 또는 대본 70p -공연, 만화, 애니메이션, 영상, 출판 등 다양한 콘텐츠로 발전 가능한 순수 창작 스토리 -어떤 형태로든 상업화되지 않은 '창작 스토리'(원작이 있는 경우 출품 불가)
응모방법	스토리움 가입 후, 첨부양식 다운로드 후 양식에 맞춰 제출
지원자격	기성·신인 불문, 개인 및 팀, 법인 모두 가능
시상내역	대상(1편) 5천만 원, 최우수상(4편) 3천만 원, 우수상(10편) 1천5백만 원, 특별상(1편) 5백만 원 https://www.storyum.kr/

MBC 드라마 극본공모

모집분야	단편시리즈 회당 70분 X 2부작 장편시리즈 회당 70분 X 8~16부작
응모방법	홈페이지에서 온라인 접수
지원자격	기성·신인 불문
시상내역	단편시리즈(2부작) 최우수상(각 1명) 2천만 원, 우수상(각 1명) 1천만 원

장편시리즈(8~16부작) 최우수상(각 1명) 3천만 원, 우수상 (각1명) 2천만 원

https://writer.imbc.com/

CJ ENM STUDIOS 공모전

모집분야	드라마(1, 2회) / 영화(120분) / 다큐멘터리 / 웹툰
응모방법	홈페이지에서 온라인 접수
지원자격	기성·신인 불문
시상내역	대상 5천만 원, 각 부문별 최우수상 각각 3천만 원, 3천만 원, 2천만 원, 2천만 원

http://www.cjenmstudios-contest.co.kr/

| 보너스 페이지 |

꼭 읽어두면 좋은 드라마 스토리텔링

읽어보자! 스크립트

1

주인공 인물 묘사

〈키스 먼저 할까요?〉 주인공 '손무한'의 인물 스크립트

고독한 독거남 손무한

당신을 사랑할 겁니다!

그게 내 계획입니다!

아주 많이 당신을 사랑할 테지만 당신과 사랑에 빠지진 않을 겁니다!

그게 내 비밀입니다!

나이

호적 나이 49세, 실제 나이 50세.

직업

국내 굴지의 광고회사 제작본부 이사. 한때는 카피라이터로 매일 신화를 썼지만 현재는 회의 시간에 볼펜이나 세우는 뒷방

늙은이가 돼 있다. 동료들에겐 돈 먹는 유령, 후배들에겐 그만 둬줬으면 하는 좀비. 별명이 올드보이다. 도대체가 이 바닥엔 존경심이 없어! 근본 없는 것들! 너도 그랬잖아! 궁얼궁얼 중얼중얼. 휘발되지 않고 숙성되는 달인이나 장인들이 부럽다.

가족

휴고라는 미국 놈과 사랑에 빠진 전처와 17세 질풍노도의 딸은 LA에, 절연한 아버진 감옥에, 천상천하 유아독거남. 7년째 그는 혼자다. 이리 될 줄, 이렇게 살 줄은 정말 상상도 못 했다. 나 손무한이야! 천상천하 유아독존 광고천재 그 손무한!

왜 모두 날 유령 취급하냐고! 노령견이라 하루하루 죽어가고 있는 '별이'마저 치매에 걸려 그를 알아보지 못하고 짖어댄다. 늙은 개 때문에 그는 요즘 자주 슬픔에 목이 멘다.

특징

옛날 남자, 아날로그 맨. 종이책, CD, LP, 사라져가는 것들에 집착한다. 독한 남자에서 고독한 아재로 제4차 성징 중이다. 퇴근 후 시리Siri랑 대화한다. "나, 오십이다! 너도 내가 늙었냐?" "나이는 숫자에 불과합니다!" "그럼 너, 나랑 연애할래?" "제가 뭘 잘못했나요?"

성격

한때는 잘난 거 빼면 시체였는데 지금은 그냥 시체다. 한시절을 주름잡던 초일류들이 그렇듯 오만했고 방자했고 거침이 없었다. 아이디어가 끊이지 않는 섹시한 뇌로 업계 사람들은 물론 처음 만나는 여자들한테까지도 인기가 쩔었는데, 지금은 그냥 찌리다. 다들 피한다. 딸도 아내도 아버지도. 아무도 그를 거들떠보지 않는다.

잉여인간. 잉여의 삶. 예리함이 사라진 자리엔 예민함만 남았고, 그의 시원시원한 직설은 독설이 되었다. 눈치 없고 재미없고 인간미 없는 정 안 가는 아저씨, 성공치와 경험치만 많아서 쓸데없이 까다롭고 어렵기만 한 쓸모없는 아저씨, 그게 그를 아는 사람들의 대체적인 평가다. 어쩌다 이 지경이 됐을까? 그건 그가 아니다. 그의 본심도 아니고 그의 본모습도 아니다. 어쩌면 그를 가장 사랑하지 않았던 건 그였는지도!

비밀

혼자 죽어가고 있다.

무한의 스토리

무한에겐 아무한테도 말하지 않은 비밀이 있다. 신체의 비밀. 그의 췌장에 암이 산다. 햇수로 5년째 동거 중이고, 얼마 전에 6개월 시한부 선고를 받았다. 이제 어쩐다? 한 그루 사과나무라도 심어야 하나? 늙은 개 별이를 안락사시키고 돌아온 날, 무한은 오래 울었다. 미치게 외로웠다. 누군가의 온기가 사무치도록 그리웠다. 늙은 개의 죽음이 그를 온몸으로 흔들어댄다. 이렇게 끝나게 하지 마! 이 상태로 네 인생을 끝내지 마!

샤워하다 문이 고장 나 벌거벗고 2박 3일을 욕실에 갇혀 지냈다. 소리를 지르고 위 아랫집 욕실 바닥과 천장을 아무리 두드려봐도 감감무소식, 아무도 없었다. 고래고래 처절한 그의 아우성을 아무도 몰랐다. 탈진했다. 고독사. 하루에 6명꼴이라더니 남의 일이 아니었다. 어쩌면 그의 죽음이었다.

무한의 죽을병을 모르는 친구(황인우)가 여자를 소개해 거절하려고 나갔는데, 그녀다! 어떤 그녀라고 그녀를 소개해야 하나? 그녀를 아는 그를 모르는 그녀. 그만 아는 그녀. 절대로 아는 체할 수 없는 그녀! 그녀가 처음으로 무한을 유심히 본다. 갑자기 숨이 안 쉬어진다. 암 때문이다. 아니다, 그녀 때문이다. 그녀가 그를 찬찬히 훑으며 살핀다. 옷, 머리, 신발, 시계, 노화의 정도. 미소가 사라진 그녀의 얼굴에 실망과 불만이 차오르고 그는 통증이 인다. 그녀 때문이다. 아니다, 암 때문이다.

언다 대고 이런 중늙은이를! 하는 표정으로 그녀의 눈이 대놓고 화를 낸다. 통증이 격렬해진다. 암 때문이다, 그녀 때문이

다. 미친 듯이 등산복 주머니들을 뒤져 혈압약이라 속이고 진통제를 털어 넣는다. 약 알이 목에 걸렸다. 아니다, 그녀가 목에 걸렸다. 아주 오래전 그날부터(이하 중략).

무한만 아는 그와 그녀의 스토리

2007년 무한이 광고한 아폴론제과의 젤리 과자를 먹고 순진의 딸이 사망했다.

흰 분말에 물을 부어 빙글빙글 돌리면 젤리가 포도처럼 주렁주렁 달리는, 아이들이 직접 만들어 먹는 과자였는데, 무한의 TV 광고가 나간 후 두 달 만에 무려 1,000만 개가 팔려나가며 선풍적인 인기를 끌었다. 무한으로선 큰 품 안 들이고 대박을 친 광고였다. 그런데 분말째 그대로 먹은 아이가 호흡곤란을 일으켜 흡인성 폐렴과 저산소성 뇌손상으로 사망했다.

생살이 뜯겨나가는 고통으로 울부짖는 아이 엄마를 뉴스로 보며, 무한은 그의 잘못이 아니라고 생각하면서도 찜찜했다. 그 과자 때문에 죽은 아인 순진의 딸 단 한 명뿐이었다. 광고주 말대로 과자 잘못이 아니라 아이 잘못이었다. 그가 살인 과자를 마법의 과자로 허위 광고한 게 아니었다.

나한텐 책임 없어! 그 애도 나도 재수가 없었을 뿐이야! 하지만 정말로 불가항력적인 사고였을까? 아이들에게 위험을 경고하는 광고를 그가 만들었다면? 그럼 순진의 딸은 죽지 않았을까? 제품을 팔 생각만 했지 아이들 생각은 전혀 안 했다. 그의 작품이라고 생각했지 다른 사람의 삶과 연결돼 있다는 생각은 못 했다. 아이의 죽음 후 광고 일에 대한 근본적인 회의가 들었다. 광고할 제품을 보면 장점이 아니라 단점부터 보였고, 위험과 위해 요소부터 찾으려 들었다. 멋들어지게 잘만 하던 돈 되는 기업 이미지 광고도 도무지 아이디어가 생각나지 않았다.

일이 잘될 리가 없었다. 광고 천재가 둔재로, 고문관으로 전락했다. 그리고 죽은 아이의 엄마, 안순진! 잊자! 잊고 살자! 그런 사고는 수천만 분의 1의 확률이다! 재수가 없었을 뿐이다! 다시 이전의 그로 돌아가려는 무한의 시선에 잊을 만하면 아이 엄마가 걸렸다. 제조사를 상대로 소송 중인 순진이 뉴스에, 광화문 거리에, 지하철에 불쑥불쑥, 어떤 날은 그의 꿈에까지 불쑥, 자꾸 그의 눈앞에 걸렸다.

잊고 살 수 없을 정도로 자주 무한은 순진을 악몽으로 꿨다. 도저히 떨쳐지지가 않아 죽은 아이의 납골당을 찾은 무한은 약을 먹고 중태에 빠진 순진을 발견했다. 그에겐 수천만 분의 1의 확률이었지만, 누군가에겐 100%였고, 모든 것이었고, 일생이 무너지고 전부가 사라지는 처참한 고통이었다. 아이 엄마는 목숨은 건졌으나 삶을 놔버렸다.(중략)

다시 3년 후 그러니까 2017년 현재, 시한부 6개월의 사형선고를 받아 든 무한은, 살기로 결심한, 아니 '막 살기'로 결심한 순진과 뜻밖에도 재혼 자리에서 재회한다! 그한텐 무수한 재회지만 그를 모르는 그녀에게 그는 첫 만남이다. 막 살기로 결심한 그녀는 무한의 돈만 보고 그의 아내가 되기로 작정한 듯, 여자처럼 굴고 연애를 걸고 사랑을 걸고 그녀 인생을 그에게 건다. 그녀의 인생을 그냥 그에게 던져버린다. 더 이상 그녀는 갖고 있기 싫다는 듯, 그에게 그녀 인생을 버린다.

그녀를 어떻게 할 것인가? 결국 그 앞에 던져진 그녀의 인생을 어떻게 할 것인가? 죽어가니까 또다시 모른 척해야 하나? 죽어가니까 그녀라도 살리고 가야 하나? 이미 그는 너무 오래 멈춰 있었다.

더 이상 회피하지 말고 지난 시절의 끝내지 못한 숙제를 끝내야 할 때다. 그녀가 내 삶을 방문해줬다. 미완의 삶을 완성하고 떠나라고. 그 시절의 미완을 완성하고 가라고. 무한은 그에게 버려진 순진의 인생을 온몸으로 받아들이기로 한다. 절대로 도망치지 않으려 한다. 그게 어떤 것이든, 그 어떤 순간이 오더라도 그의 온 마음으로, 남아 있는 그의 온 생으로, 그녀를 맞으려 한다.

그녀가 그를 완성시킨다. 한 시절의 미완성이 그의 생을 완성시킨다. 그리고 계획에 없던 사랑이, 그의 마지막 사랑이, 그도 모르게 시작된다! 첫사랑처럼 조심스러운 사랑이다! 수줍은 사랑이다! 이루어질 수 없는 사랑이다!

2
드라마 플롯 짜기(1)

베스트극장 〈내 약혼녀 이야기〉의 플롯 분석

2001년 6월 1일 방송

극본 | 정유경 **연출** | 김진만

분량 | A4 31페이지(60분)

로그라인 | 순박한 농촌 총각 정호(김국진). 어여쁜 연변 처녀 홍매(허영란)와 약혼식을 마치고 막 합방을 기다리는 중. 그런데 팜므파탈 정호의 첫사랑이 돌아왔다!

1장

오프닝

평화로운 농촌의 풍경과 정호 방의 약혼 사진 이미지로 시작. 홍매(허영란)의 내레이션. 둘은 연변에서 약혼식을 했고 이제 한국에서의 결혼과 합방을 설레어하고 있다.

타이틀

설정

착한 농촌 총각 정호의 캐릭터 소개. 정호와 친구들의 주점신. 축하한다는 덕담 속에 홍매가 미인임을 자랑하는 정호. 그러나 이놈의 친구 쉐이들이 알코올을 처묵처묵하더니 막말이 나온다. “조선족 처녀들 위장 결혼 때문에 골치 아픈 일 많다.” “시집와서 국적만 취득하면 바로 가출하는 여자들이 많다더라.” 기분이 상하는 정호. 근데 어쩌나. 순박한 정호가 조금씩 맘이 흔들린다.

기폭제

앗! 세상에 나에게도 이런 일이 생기다니. 정호의 첫사랑 선아가 고향에 돌아왔다. 게다가 팜 파탈 캐릭터였던 그녀가 순한 양이 돼서. “잘 있었니? 보고 싶었어.” 심지어 슬쩍슬쩍 떨리는 스킨십까지. 정호의 맘이 훅 가버린다. 둘의 자전거 데이트 몽타주. 행복한 둘의 웃음소리

토론과정

홍매와 결혼하지 않겠다고 노모에게 털어놓는 정호.

“요새 농촌 총각들 조선족 처녀한테 엄청 당한대요!”

"너, 무슨 일 있지?"

"사실은요, 저요, 선아 만났어요."

→ 메인 긴장 구축됨. 정호는 결국 홍매를 버리고 선아를 택할 것인가? 혹은 정호와 홍매는 선아와 사회적 편견을 물리치고 과연 러브러브 할 수 있을 것인가?

→ 여기까지 1장 . 분량 7페이지.

2장

2막 진입

인천 연안 부두. 홍매 귀국. 정호는 한나절 서울 관광을 시키고 다시 중국으로 돌려보내려 마음먹은 상태. 어색한 만남. 아아, 홍매가 이렇게도 촌스러웠던가.

재미와 놀이

정호와 홍매의 서울 데이트. 심약한 정호는 홍매에게 돌아가라는 말을 차마 못 하고 번번이 타이밍을 놓친다. 아무것도 모르는 착한 홍매. 롯데월드 놀이공원에서 순간 홍매가 안 보이자 이대로 사라질까 맘먹는 정호. 냉면집 먹방에서 40대 연변 여자 파출부 조연 소개. 홍매 낡은 구두 굽이 부러지자 무려 7만 9천 원 하는 빨간 구두를 마지막 선물이라 생각하고 사주는 정호. 눈시울 젖는 홍매.

"고마워서요. 앞으로 잘할게요. 어머님께두 잘할게요."

미치겠는 정호. 이때 전화하는 악당 선아. 흔들리던 정호 급기야 맘을 굳히고 홍매를 돌려보낼 아침 첫 비행기표를 끊는다. 밤거리 여관 불빛.

"이불 따로따로 깔고 잡시다. 됐죠?"

중간점

여관방.

"미안합니다. 홍매 씨. 좋은 사람 만나 잘 살아요."

대사 치려는 순간, 홍매

"자도 괜찮습니다. 여기서 첫날밤… 치러도 괜찮아요."

정호 미쳐버리겠다.

"저도 …한 가지 드릴 말씀이 있습니다."

"뭔데요?"

"매달 10만 원씩 중국으로 부쳐주십시오. 부모님께서 빚을 많이 지셨습니다."

눈빛이 확 달라지는 정호.

"인생 그렇게 살지 마세요. 장가 못 갔다고 사람 우습게 보지 말아요! 돌아가요! 당장 당신 나라로 돌아가요!"

여관방을 뛰쳐나오는 정호. 이런… 비행기표를 안 줬네. 자꾸자꾸 뒤를 돌아보다 꿋꿋이 앞만 보고 걸어가는 정호. 불쌍한 홍매.

→ 여기까지 총분량 18페이지.

악당이 다가오다

우리의 팜므파탈 선아. 본격적인 행동 개시. 순진한 정호 꼬셔서 아이스크림 프랜차이즈 사업한다고 투자를 약속받음.

갈 곳 없는 막막한 홍매. 서울 거리 여기저기를 터벅터벅. 그러다 냉면집 연변녀와 눈이 마주치고. 결혼 자금 1천만 원을 선아에게 입금하고 므흣므흣해하는 정호.

절망의 순간

"선아한테 사기당한 애가 한둘이 아니래." "설마, 그럴 리 없어. 그럴 리 없어."

전화 연결 안 되는 선아. 사랑에 속고 돈에도 속은 불쌍한 정호. 날이 저물도록 강가에서 넋이 나가 있다. 한편 미아가 된 홍매. 중국 본가로 전화를 걸고.

홍매 (밝다) 어머니 저예요, 홍매! 예, 다들 잘 계시지요? 결혼식 잘했습니다. …예, 걱정 마세요! 오늘 우편으로 소포 부쳤습니다. 영매 생일이잖아요. 에이치오티 테이프요. 신곡이래요. 영매한테 전해주세요. 신랑이 잘해줍니다…. 그럼요…. 잘해줍니다. 여기 참 좋습니다. 여자들 옷차림도 산뜻산뜻하구요. 뜨거운 물도 수도에서 콸콸 나오고요.

돈이 철컥철컥 내려간다. 잠시 말을 못 잇는 홍매. 소매로 눈물을 슥 훔친다.

홍매 …어머니 …보고 싶어요. 저도 많이 보고 싶어요….

간신히 연변녀의 소개로 설렁탕집에 취업한 홍매. 불법체류자로 쫓긴다. 대로변에서 갇히는 홍매.

→ 여기까지 총분량 23 페이지.

외로운 영혼의 밤

식음을 전폐하고 폐인이 된 정호. 소포 하나가 날아든다. 작은 꿀단지와 조악한 한복감이 개켜져 있다. 홍매가 보낸 것. 살포시 놓여 있는 편지 한 장. 홍매의 내레이션 위로 그들의 짧지만 소박했던 연애사가 흐르며….

"그간 친절하게 대해주셔서 고맙습니다. 부디 좋은 분 만나 행복하게 사십시오. 마음 아프게 해드려 미안합니다."

정호… 눈물 한 방울 뚝 떨어진다. 마침내 홍매를 찾아 서울로 올라가는 정호.

→ 여기까지 2장 끝. 총분량 26페이지.

3장

어디서 홍매를 찾을 수 있을 것인가? 헤매는 정호. 여관 앞길, 연안부두 대합실, 놀이공원 부근 거리…. 허탈한 정호. 그러다 냉면집 연변 아줌마가 생각난다. 홍매가 일했다는 설렁탕집으로 찾아간 정호. 그러나 그를 반기는 건 홍매의 빨간 구두. "아깝다구 통 못 신드니… 쯧쯧…. 신발두 못 챙겨 신구 갔네." 목이 턱 메어오는 정호.

슬리퍼를 신고 꾀죄죄한 몰골로 밤거리 걷는 홍매. 룸싸롱, 단란주점 여급 구함 광고들. 잠깐 바라보다 시선 떨군다. 발길이 닿은 곳은 설렁탕 식당 앞.

홍매 (일어나며 목례) …제 신발 찾으러 왔습니다.

엔딩

새벽 안개 사이로 동이 터오는 시골 가로수길을 달려가는 시외버스.

편지를 움켜쥐는 정호. 눈시울이 붉어져온다. 한순간, 차장 너머 도로변에 한 여자의 모습이 스쳐 지나간다. 급정거시키고 달려가는 정호.

홍매 (주저하다가) …10만 원… 안 부쳐주셔도 됩니다.

울음 터뜨리는 그녀. 철철 눈물을 흘린다. 목이 메어오는 정호, 떨리는 손으로 홍매의 두 손을 잡는다. 그 시선에 들어오는 그녀의 빨간 구두. 이윽고 함께 울기 시작하는 정호.

→ 엔딩. 총분량 31페이지.

3

드라마 플롯 짜기(2)

드라마스페셜 〈참치와 돌고래〉의 플롯 분석

2018년 9월 28일 방송

극본 | 이정은 **연출** | 송민엽

분량 | A4 34페이지(66분)

줄거리 | 27세 현호(女, 박규영)는 금사빠지만 한 번도 연애에 골인 못 한 모태 솔로. 동네 수영장에서 만난 남자 '돌고래'에게 훅 간다. 하지만 연애는 쉽지 않고, 같은 초급반 멤버들은 '참치와 돌고래'를 결성해 현호를 밀어주기로 한다. 한편 그녀의 까칠한 초급반 수영 강사 유라(男, 윤박)는 우연히 돌고래와 마주치고 그가 유부남이라는 사실을 아는데 ….

1장

오프닝

이미지로 시작. 깊은 바닷속에서 유영하는 돌고래를 만나는 현호. 그러면서 주제 암시 내레이션을 던짐. "빠지기 전엔 알 수 없죠. 얼마나 깊을지…. 무엇이 있을지." 두 남자를 보여주면서 "사랑도 그런 걸까요?"

타이틀

설정

'금사빠' 모쏠인 현호 캐릭터 소개. '도를 아십니까' 사건을 통해서 유쾌하게. 그다음 엄마 대신 수영장 강의를 울며 겨자 먹기로 듣게 되는 현호. 수영 강사 유라와의 불쾌한 첫 만남. 현호를 갈구는 유라. 급기야 '참치'라고 별명 붙임. 투덜대던 현호, 훈남 돌고래 발견!

현호 헉…. (돌고래의 몸, 신체 부위별로 보여지며, 마음의 소리) 헐, 목선! 어…깨! 보…복근! 드, 등짝을 보자…. (그 순간 돌고래 돌아서면 꿈틀대는 등근육에) 커억!

기폭제

비 오는 수영장 앞에서 돌고래와의 첫 만남. 운명적인 우산 속 동행을 기대했으나 돌고래의 대사는 "저 혹시 우산 없으세요? 쓰고 가실래요. 저는 차가 있어서." 황망한 현호.

토론 과정

정신 못 차리는 현호. '돌고래는 나의 운명'이야. 어린이집 직장 선배한테 뒤풀이 모임을 만들라는 팁을 받음. 과연 현호는 '돌고래'와 러브러브 할 수 있을까? 메인 긴장 세팅됨.

> → 1장 끝. 여기까지 총분량 8페이지.

2장

2막 진입과 B 스토리

조연 캐릭터 소개 후 수구놀이 하다 '돌고래'에게 안면 강타 당하는 현호. 그것을 계기로 '참치와 돌고래' 뒤풀이 모임 결성! 꽐라된 현호.

현호 아뇨. (깨끗이 비운 500cc 한 잔 소리 나게 내려놓으며 입 닦고는 비장하게) 좋아한다니 (손가락으로) 놉! 완전 사랑해요. 돌고래랑 결혼할 거라구요!

환호하는 일동. 살짝 기분 나쁜 유라. "아니 그런 건 알아서 하는 거지… 밀어주긴 뭘 밀어줘요…."

재미와 놀이

돌고래와 현호의 즐거운 먹방 데이트 시작. 그러나 먹방만 해. 진도가 안 나가. 한편 유라는 마트에서 돌고래가 유부남이라는 비밀을 포착. 전전긍긍. 이 비밀을 어떻게 얘기해야 하나? 타이밍을 놓치는 유라. 급기야 돌고래를 갈구다 찌질한 싸움까지. 동호회 사람들 진도가 안 나가는 현호를 위해 프러포즈 빅 이벤트를 추진.

→ 여기까지 총분량 19페이지.

중간점

프러포즈 이벤트를 앞두고 행복해하는 현호. '가짜 승리.' 그러나 느닷없는 유라의 출현.

악당이 다가오다

유라와 돌고래의 주먹다짐. 난장판이 되는 파티장. 결국 돌고래는 유부남이 아니었음이 밝혀지고…. 절망하는 유라. 미안한 현호. 유라와 현호는 서로의 가슴에 대못을 박으며 헤어짐.

→ 여기까지 총분량 22페이지.

절망의 순간

느닷없는 기자회견 상상신. 아… 아… 유라도 현호를 사랑했음을… 너무 아픈 사랑은 사랑이 아니었음을… 알아버리는 유라.

유라 제가요, 요즘 수시로 얼굴이 막 벌게지고, 기분도 막 지멋대로 좋다가 나빴다가 널 뛰거든요. 심장도 빨리 뛰느라 밤에 잠도 잘 못 자고, 갑자기 숨도 못 쉴 만큼 가슴도 답답하고 그런데… (심각한) 이거 큰 병은 아니겠죠?

의사 (단칼에) 술을 줄이시면 됩니다.

의사의 경고에도 주구창창 술 먹다 급기야 술병에 걸린 유라. 출근을 못 하게 되고…. 그가 걱정되는 현호. 내가 너무 심했나…. 걱정 문자를 퉁명스럽게 날린다. 얼굴이 확 핀 채 전력질주하는 유라. 아… 아… 그러나 거기엔 이미 돌고래가 선점. 럭셔리 외제차 앞에서 근사한 데이트 약속을 하는 돌고래. 고작 수영 특강 쿠폰을 제시하는 초라한 유라. 현호의 번민 시작. '두 남자를 어찌할까요?'

→ 여기까지 총분량 25페이지.

외로운 영혼의 밤

'사랑이 깊으면 외로움도 깊어라.' 현호, 돌고래와의 본격 진도 데이트 시작. 아, 근데 이 남자는 왜 이렇게 불편할까. 사사건건 자기 맘대로 다 하려고 해. 이때 날라오는 유라의 카톡. 이 남자는 일단 웃기고 시작한다. 고민하는 현호. 아, 수영 특강 쿠폰이 있었지. 특강 대신 수족관 데이트를 하는 현호와 유라. 이 남자 나를 웃겨주고 편안하게 해주네. 어린이집에서 아이에게 뒤통수를 강타하는 대사를 듣는다.

"재밌고 즐거우면… 좋아하는 거잖아요."

→ 2장 끝. 여기까지 총분량 30페이지.

3장

최후의 대회전

두 남자로부터 동시에 데이트 연락이 온다. 현호는 과연 누구를 택할 것인가? 돌고래는 근사한 레스토랑에서 쓸쓸한 먹방을 시작하고, 현호는 유라와 수영장에서 특강을 받는다. "강사님은 누굴 좋아해본 적 있어요? 좋아하는 사람과 같이 있을 때 즐겁고 편하고 그랬어요?" 유라로부터 좋아한다는 고백을 받는 현호. 키스 신 직전까지.

엔딩

수영장 앞. 현호의 고백. 서로의 마음을 확인한 두 사람 . 우산 속 동행하며 끝.

→ 엔딩 총분량 34페이지.

4
갈등 상황을 이용해 설명하기

드라마 〈소영이 즈그 엄마〉의 설명 신

S# 41. 마을길

- 영숙, 뛰어와서 소영을 잡는다.

영숙　소영아!

소영　놔라! 내는 엄마하고 안 살 끼다, 인자!

- 소영, 영숙을 뿌리치고, 빠르게 걸어간다.

- 영숙, "소영아!" 하고 부르며 쫓아가 다시 소영을 붙든다.

영숙　오데 가노? 오데 가노, 소영아?!!

소영　아부지한테 가 끼다!!

영숙　(흠칫 놀란 표정 짓고)

소영　(식식거리며) 아부지한테 가서 다 일러주삐 끼다…. 엄마가 내 말 안 듣고, 다른 아저씨 만나고 냉기는 것도 다 일러주삐 끼다!! (하고 저벅저벅 간다)

영숙 (충격으로 털썩 주저앉으며 멍해지고)

소영 (가다가 멈추고 다시 돌아온다)

영숙 (멀거니 소영을 본다…힘없이) …소영아.

소영 …우리 아버지가 누고?

영숙 (입술이 바르르 떨리고)

소영 누고? 가구점 아저씨가? 술도갓집 아저씨가?

영숙 (눈물이 맺힌다)

소영 누고?!!

영숙 (안 울려고 애쓰지만)

소영 모르나? 누가 우리 아버진고 모르나? 참말로 모르나?

영숙 (주르르 눈물이 흐른다)

소영 (점점 소리 높아져 질책하는) 이름도 모르나?

영숙 …(힘들게 말 꺼내는) 어데 사는고 모른다, 내도… 옛날에 이사 가뿌서 오데 사는고 모른다. (하며 서러움에 결국 울음 터뜨리고)

소영 (눈물이 주르르 흐른다)

영숙 (소리 내어 울고)

소영 (영숙이 우는 것 보고 당황하고 안스러워) 엄마아… 엄마아… 울지 마라… (하며 영숙을 가만히 안는다)

영숙 (울면서 소영을 힘껏 안고)

소영 (저편에 서 있는 광식 쪽으로 잠깐 눈길 돌려 보고) 저 아저씨도 엄마 진짜로 좋아 안 한다.

영숙 ….

소영 남자들은 아무리 이뻐도 똑똑한 여자만 좋아한다. 외할매 하고 내 말고는 아무도 엄마 좋아 안 한다.

영숙 (아프게 눈을 감고)

소영 바보거치 엄마는 와 그것도 모르노…. 맨날 말해도, 와 맨날 까묵노?

영숙 (소영을 꼭 껴안고 운다)

- 멀리 저편에서 두 사람을 착잡하게 보고 있는 광식의 모습 보이고.

5
인물의 상황을 보여주는 몽타주 기법(1)

드라마 〈보스를 지켜라〉의 몽타주 신

S#1. 은설 면접 몽타주

면접관 학점은 훌륭한데 대학이 좀 서울에서 멀~리 떨어져 있네? 고등학교 땐 공부를 좀 소홀히 했나 봐요?

은설 (아주 살짝 당황하지만, 이내 차분하게) 네, 솔직히 그랬습니다. 그땐… 그럴 나이였던 거 같아요. (과거를 아련히 떠올리는 듯한 얼굴에서)

훅, 화면 확 치고 들어오듯 여고생 은설로 바뀐다. 초코송이 머리에 치마 교복에 체육복 받쳐 입은, 딱 봐도 노는 언니 모습! 은설 주위엔 죄다 초코송이 머리인 명란과 친구들이 일제히 앞을 째리며 남학생들과 대치 중.

은설 경고했다. 우리 학교 애기들 건드리면, 죽는다고. (남학생들 비웃자) 이것들이. 다구발로 할까, 완빵으로 할까. (명란에게 턱짓하듯) 완빵으로 간다.

말 마치자마자 은설, 멋지게 날아올라 남짱의 턱주가리에 킥을 날리고, 뒤이어 명란 등 남학생들에게 달려들며 헤드록해대는 모습들 위로

은설(E) 그땐… 그럴 나이였던 거 같아요. 공부보단 친구와의 우정, 이런 게 더 소중했달까, 비록 학업엔 살짝 소홀했지만 전 그 시간을 결코 후회하진 않습니다. 인간 대 인간의 신뢰를 배웠던 아주 소중한 시간이거든요.

현재/ 다른 면접장

은설 네? (아니라는 듯 웃어 보이고) 데모를 하려고 학생회를 했던 건 아니구요.

대학생 은설, 등록금 반대 시위 중. 격한 문구들 보이고. 단상 위에 서 있는 은설

은설 교육으로 장사하냐, 수백억 펀드 토해내라! 미친 등록금, 때려잡자!

은설을 주축으로 주르르 서서, 삭발식 진행하려는 듯 비장하

게 바리캉 갖다 대는 모습들 위로

은설(E) 제가 학생회를 통해 배운 건, 리더십…이었습니다. 진정 한 리더십은 사람에 대한 따뜻한 이해와 배려에서 나오는 조용한 카리스마란 걸 몸소 체험할 수 있었습니다.

현재/ 다른 면접장

은설 고학점이나 많은 자격증을 보고 스펙만 갖췄을 뿐 다양성이 없다, 오해들을 하시는데요, 오해, 맞습니다. 저도 할 건 다 해봤어요. 아까 말씀하신 연애…도 진하고 가슴 아프게 했구요…. (문득 눈에 눈물이 그렁그렁해지듯) 죄송합니다. 또 아픈 추억이 떠올라서….

한눈에도 패션과는 대척점에 선 공부벌레 은설, 전공책 한 아름 안고 있다. 그 앞엔 장미꽃 두어 송이 들고 있는 남학생.

은설 (남학생에게) 사랑? 그게 뭔데? 스펙이니? 개나 줘.

은설, 좌절한 남학생을 뒤로하고 걸어가는데 코피가 찍 흐른다. 일상적인 일인 듯 대충 스윽 닦고 가는 은설.

S# 7. 거리 (각기 다른 날)

〈악마는 프라다를 입는다〉 패러디

- 도로를 뛰어가는 은설. 손에는 잔뜩 지헌이 주문한 갖가지 음식 봉투와 커피 들려 있고 옆구리엔 다이어리 끼고 핸드폰도 손에 든 채. 핸드폰 울리고, 은설 후다닥.

은설 네, 본부장님.

지헌(F) 박 상무님 핸드폰이 뭐지?

은설 (얼른 힘겨운 자세로 다이어리 펼쳐 넘기며) 그게 어….

하다가 음식들 떨어뜨리고 어뜩해 줍는. 쪼그린 은설을 가리고 지나가는 자동차. (제1일)

- 자동차 지나가고 나면, 다른 옷, 다른 헤어스타일의 은설 역시 음식 봉지, 커피 들고 정신없이 뛴다. 그러다 사람과 부딪힐 뻔. 죄송합니다, 죄송합니다, 하며 횡단보도로 뛰어가고. (제2일)

- 역시 다른 날. 횡단보도 거의 건너는데 휙 지나가는 오토바이. 그 바람에 또 음식 다 쏟는. 야! 너, 거기 못 서!

다시 반대편으로 죽어라 뛰어가는 은설. (제3일)

S# 8. 지헌 사무실 (위와 같은 날들)

- 지헌 음식을 못마땅하게 보고. 은설은 그 앞에 주눅 든 채 서서

지헌 (익힌 당근 손가락으로 통 튕기며) 익힌 당근 싫댔잖아. (통마늘 튕기며) 통마늘 싫어! (마늘 은설의 이마에 가 맞는다) (제1일)

- 커피를 한 모금 마시곤 푸웃 뱉어내는. 지헌, 커피 쾅 내려놓으며.

지헌 얼음이 녹았잖아. 맹물이야! 다시 사온다, 5분 내로!

은설 (후다닥 나간다) (제2일)

- 지헌, 역시 샌드위치도 탕 내려놓으며!

지헌 똑바로 못 해!

은설 (기어이 못 참고) 그냥 처먹어, 이 자식아! (지헌의 얼굴에 펀치를 퍽 먹인다)

그러나 상상, 현실은

은설 (꾸벅) 다시 해오겠습니다. (후다닥 나가는) (제3일)

6

인물의 상황을 보여주는 몽타주 기법(2)

드라마 〈키스 먼저 할까요?〉의 몽타주 신

S# 3. 무한의 거실 (밤)

불 꺼진 거실 긴 복도에서 서로를 향해 걸어가다 덜컥!

만나버린 두 사람.

순진 (순간 당황)…

무한 (순간 당황)…

순진 (먼저 웃어주는)…

무한 (그 미소에 울컥해서 눈물이 맺히는)…

순진 (그 눈물에 울컥해서 그렁그렁해지면)…

무한 (눈물이 흐르고)…

순진 (저릿하게 보다가 8부 28신의 무한처럼 다가가 눈물을 닦아 주고 따뜻하게 입을 맞추려는데!)

무한 (뒷걸음치며 물러나는!)

순진 (예감하고 얼어붙는데!)

무한 나 죽어요!

순진 (충격으로!)

무한 (고통으로!)

순진 (미동 없이 오롯이 바라보다가 서서히 고통으로 무너지는!)

무한 (오롯이) 미안해요!

순진 (오롯이) 그럼 한 달이라구 한 건…!

무한 (오롯이) 남은 시간이 그렇다구 하네요! 병원에선!

순진 (그 순간 스르르 고개가 떨어지며 바닥만 응시하는!)

무한 (그 모습 처절한 눈빛으로 보며 안간힘으로 버티고 서있는데!)

순진 (숨이 턱! 막혀 가슴을 꽉! 움켜쥐고 넋 빠진 얼굴로 도망쳐 나가고!)

끝까지 안 돌아보고 버티며 서 있다가 문 닫히는 소리 듣고 무너져내리듯 주저앉는 무한.

S# 4. 도로변 인도 (밤)

인적이 끊긴 새벽길.
벗어나고 싶은 심정으로 맨발에 운동화를 구겨 신고
쫓기듯 위태롭게 걸어가는 순진.

S# 5. 한강다리 (밤)

무작정 길을 걸어온 듯 걸어온 방향 그대로 다리 한가운데에

멈춰 서 있는 순진.

차량들 갈 곳을 향해 거침없이 쌩쌩 질주하는데

망연히 서서 새벽 강바람을 고스란히 맞는 순진.

매서운 칼바람에 마구 날리는 머리카락과 얇은 옷자락.

S# 6. 무한의 거실 (밤)

무너져 주저앉은 모습 그대로 '이렇게 끝나는구나! 이제 정말로 끝이구나!'

남은 한 달마저 빼앗아간 자신의 운명에 절망하는 무한.

S# 7. 자하문 터널 인도 끝 (밤)

순진, 금방이라도 쓰러질 듯 껍데기만 남은 모습으로 걸어오는데.

길이 끝나버린!

더 이상 한 걸음도 허락하지 않는 암흑 같은 터널과

막혀 있는 벽을 차례로 보고는 멍하니 뒤돌아서는데,

돌아갈 자신이 없어 그 자리에

스르르 웅크리고 앉는 순진. 사방이 벽인 그 모습 길게.

참고 도서 목록

- 블레이크 스나이더, 《SAVE THE CAT!: 흥행하는 영화 시나리오의 8가지 법칙》, 비즈앤비즈(2014)
- 심산, 《한국형 시나리오 쓰기》, 해냄(2004)
- 로널드 B. 토비아스, 《인간의 마음을 사로잡는 스무 가지 플롯》, 풀빛(2007)
- 윌리엄 에이커스, 《시나리오 이렇게 쓰지 마라!》, 서해문집(2011)
- 위기철, 《이야기가 노는 법: 동화를 쓰려는 분들께》, 창비(2013)
- 이만교, 《나를 바꾸는 글쓰기 공작소》, 그린비(2009)

참고 시집 목록

- 황지우, 《게 눈 속의 연꽃》, 문학과지성(1990)
- 백석, 《나와 나타샤와 흰 당나귀》, 다산책방(2014)

나는 왠지 대박날 것만 같아! 개정판
30년 차 현장 드라마 PD가 알려주는 시청률 1위 드라마 작법 노하우!

초　판 1쇄 발행 2019년 8월 29일
개정판 1쇄 발행 2023년 6월 17일
개정판 2쇄 발행 2023년 12월 27일

지은이 손정현
펴낸이 황윤정
펴낸곳 이은북
출판등록 2015년 12월 14일 제2015-000363호
주소 서울 마포구 동교로12안길 16, 삼성빌딩2 4층
전화 02-338-1201
팩스 02-338-1401
이메일 book@eeuncontents.com
홈페이지 www.eeuncontents.com
인스타그램 @eeunbook

책임편집 황윤정
편집 하준현
마케팅 이은콘텐츠
디자인 김경년
교정 김한주
일러스트 강연정
인쇄 스크린그래픽

ISBN 979-11-91053-25-8 (13300)